艺海军魂

对话著名军旅艺术家

★

袁丽萍 著

中国文史出版社

图书在版编目（CIP）数据

艺海军魂：对话著名军旅艺术家 / 袁丽萍著. --
北京：中国文史出版社，2021.4
ISBN 978-7-5205-2969-3

Ⅰ.①艺… Ⅱ.①袁… Ⅲ.①艺术家-访问记-中国-现代 Ⅳ.①K825.7

中国版本图书馆 CIP 数据核字（2021）第 088561 号

责任编辑：金硕　胡福星

出版发行：**中国文史出版社**
社　　址：北京市海淀区西八里庄路 69 号院　　邮编：100142
电　　话：010-81136606　81136602　81136603　81136605（发行部）
传　　真：010-81136655
印　　装：北京温林源印刷有限公司
经　　销：全国新华书店
开　　本：787×1092　1/16
印　　张：13.5
字　　数：187 千字
版　　次：2021 年 7 月北京第 1 版
印　　次：2021 年 7 月第 1 次印刷
定　　价：49.00 元

代序
Preface

革命人永远是年轻

徐贵祥*

没有见过袁丽萍本人，只是看了她的简历：生于80年代中期，清华大学本硕连读，读书期间担任全军首届“三战”文科国防生辅导员，后主动申请转为国防生，成为清华大学首位研究生国防生，2009年担任新闻学院团委书记。2010年获清华大学特等奖学金。2011年研究生毕业后分配到解放军报社工作，先后担任“读者之友”“快乐广角”“强军文化”等多个专版的责任编辑，现任文化副刊编辑室强军文化组组长，主要负责军队文化工作宣传及重大文艺活动报道……这份简历至少告诉我们两个信息，一是此人品学兼优，书读得好，人做得好，事做得好。二是此人同军队有缘，热爱军队，热爱军队文艺，热爱军队文艺工作者。仅此两点就足以让人振奋了，在军队文艺战线上，又多了一个年轻的战士，朝气蓬勃，锐不可当，可喜可贺。

带着喜悦的心情，我认真地阅览了她的新作《艺海军魂》，一个个亲切的面孔如同一座座丰碑出现在眼前，胡可、吕远、傅庚辰、羊鸣、王晓棠……关于革命、关于信仰、关于战争、关于军事文艺、关于军事文艺同战斗力……这些耄耋老人以其亲身经历和感受，娓

* 徐贵祥，中国作家协会副主席，第六届茅盾文学奖获得者。

娓道来，在他们平静地讲述中，人民军队文艺发展历史，就像一条清澈的河流，在我们的思维世界里浩荡东去，引发了我们无穷的想象，让我们仿佛回到那血与火交织的年代，看到那战火覆盖下鼓角争鸣的场景，听到了“风在吼，马在跳，黄河在咆哮”的雄浑旋律……

我看本书，有以下体会：

一是用心。作者采访的这些老艺术家，都是当兵的人，多数经历过战火洗礼。十多位艺术家，每一个人都是一本内涵丰富的书。作为一个晚辈军人，能与他们直接对话，是一种很珍贵的体验。但是不能不说，这并不是一件容易的事情。在短短的几个小时之内，提出直击人心的问题，记录老艺术家们人生经历的华章，捕捉他们的思想火花，需要做大量的功课。从书稿中可以看出，作者不仅了解党史、军史，也了解采访对象的艺术经历和成长史，因此能够做到切中本质，逼近核心。在采访过程中，作者和老艺术家们一起完成一次回忆之旅，然后进行锤炼，阐述了军队文艺工作的特点，战争年代文艺与战斗力的关系，文艺直接作用于战争的案例。一篇采访就是一个艺术家的成长史，也是一篇集思想性、艺术性、知识性于一体的散文作品。读来引人入胜，掩卷令人深思。

二是用功。从作者的简历可以看出，她并非一个专业的文艺工作者，而是一个供职于新闻机构的年轻军官，面对专业的，而且是彪炳史册的文艺前辈，她不仅要熟知他们的历史、成就、个性以及情感经历，还必须掌握文艺专业领域的常识，不仅要了解他们在革命战争中的艺术轨迹，还要领略他们在漫长艺术生涯中的甘苦辛辣，不仅要敏锐地发现亮点和重点，还要有准确和精准、精彩的语言表达，这对于一个刚过而立之年的新闻工作者来说，不能不说是一个很大的挑战。《艺海军魂》一书收录了十三篇访谈，采访对象涉及编剧、导演、词曲作家、戏剧表演艺术家、舞蹈艺术家等等，同这些人对话，如果没有相当专业的基础知识，就很难入情入境。从书稿中我们可以看出，采访者是胸有成竹的，同被采访者的对话是轻松愉快的，采访的话题是恰如其分的，能够点燃被采访者的激情，因而全书逻辑缜密，叙述流畅，动人的故事中有真知灼见，宽广的艺术胸怀拥抱着精彩的细节，从而达成动人心弦的效果。

三是用情。用的是军人的真情、后辈军人对于前辈军队艺术家的敬仰之情。作者用她的一双慧眼，提炼出“优秀的作品产生在前线”“经典不经典，人民群众说了算”“向生活要艺术的真善美”“做人民的好演员”“到生活中寻觅作品的生命”“根要扎在人民和生活中”……书稿里出现最多的词汇是“人民”和“生活”。作者概括出来的标题，是艺术家的心声，也是点睛之笔，甚至可以说，它们也是本书的灵魂。尽管是出于新闻目的的采访，但是作者赋予了文字以情感的力量，人物形象栩栩如生，亲切的话语犹在耳畔，字里行间放射着人格的光芒，洋溢着艺术性格的温暖。眼睛落在字面上，历史的一幕常常会从远处推近——《戎冠秀》《英雄的阵地》《九九艳阳天》《英雄虎胆》《我爱祖国的蓝天》……一首歌，一出戏、一部影片，在战争年代它们直接转化为战斗力，在和平时期激励我们不忘初心、牢记使命……很多年轻人不一定熟悉这些作品了，可是，它们并没有消失，它们依然活跃在我们的心里，就像老艺术家傅庚辰作曲的那首歌——《红星照我去战斗》。

较之司空见惯的访谈文章，本书略有不同的是，在每篇文章的后面，作者还别出心裁地附上自己的“创作感言”，可见用心、用功、用情之一斑。比如，附在胡可同志访谈后面的是一篇仅有三百字的小文——泛黄的摞摞旧书，老式的家具装修，在这间简朴古旧的房子里，时光仿佛留在了上个世纪。98岁的胡可老师，拄着拐杖，一身新衣，白发梳得整整齐齐，早已等待我们多时……吃饭时，胡老称呼自己为“上了点年纪的人”，不但不用人照顾，还乐呵呵地跟我们一起喝饮料……已经走出小院挺远，回首望去，老兵依然如松。革命人永远是年轻。

这段文字可谓干净利索，寥寥数语，人物的精气神便跃然纸上。它一定程度上显示了作者的观察力、想象力和叙事能力。难能可贵的是，像这样的精炼生动的描述，书稿里随处可见。如果说特点，这也算是一条吧。

军队文艺工作有着光荣的历史，创造了辉煌的业绩，那些时候，那些人们，那些故事，那些燃烧了岁月的文艺作品，我们怎么能忘记呢？从这个意义上讲，我们要感谢袁丽萍同志，这些早就该做的工作，我们没有做到，她做到了，或者说她开始做了，而且做得很好。桐花万里丹山路，雏凤清于老凤声，我们有理由相信，她还会做得更好。

2021 年 6 月

目录
Contents

优秀的作品产生在前线

——对话军旅剧作家胡可

胡可，著名剧作家，满族。1921 年 2 月出生于山东青州，1937 年 8 月加入抗日游击队，1939 年 5 月加入中国共产党。历任河北省石家庄军分区副政委、总政治部文工团话剧团编导、北京军区政治部宣传部副部长、总政治部文化部副部长、解放军艺术学院院长等职。战争年代，他曾创作了多幕儿童剧《清明节》、多幕话剧《戎冠秀》、独幕话剧《喜相逢》等。新中国成立前后，他又创作了《战斗里成长》《英雄的阵地》《战线南移》《槐树庄》等多部反映部队和农村生活的话剧。他参加了新中国成立前举行的第一次文代会。2007 年被授予“国家有突出贡献话剧艺术家”称号。

袁丽萍：您是怎样走上革命道路，怎样与军旅戏剧结缘的?

胡可：在“一二·九”运动后，我在我们中学就是积极分子。当时在山东济南读书时，我们想罢课做斗争，结果被提前放寒假，被学校制止了。我的大哥那会儿在教书，寒假期间他就跟我讲阶级斗争、社会的变迁，讲党的基本知识。这些对我有所启蒙。回到学校以后我就找一些进步的书刊看。我写墙报，反对蒋介石政府对日本的不抵抗政策，结果被学校系主任找去训斥，我就跟他辩论。我那会儿年轻气盛，辩论完卷起铺盖卷儿就离开学校了。结果，第二天学校就贴出开除我的通知。1937 年，我 16 岁，到北平考高中，正赶上“七七事变”。当时，我的二哥在北平，他是地下党员。我到北平后已经能听到炮声了。结果我考完试，还没有看到成绩，日本鬼子就进城了。我就看到日本军车在马路上耀武扬威，日本兵在大街上训斥中国人，我感觉我们跟东北（人民）一样变成“亡国奴”了。有一天，我的二哥来跟我辞行。他说，我以后没法管你了，我要去当抗日游击队（员）了。我一听，就说，我也要跟你一块儿去。我二哥一开始不同意，觉得我太小了，我说我一定要去。1937 年 8 月，我就跟着我的二哥出城参加了北平郊区的抗日游击队。当游击队（员）4 个月以后，这支游击队到了河北阜平，被编入敌后抗日根据地晋察冀军区，变成军区的一个支队。我年轻，他们就把我送到军政学校去学习。校长是有名的孙毅“孙胡子”，我是第一区队第二班的一个小学员。几个月以后，我从一个散漫的小游击队员变成了一名军人。在军校的这几个月，我们早上吹号起床、叠被子、爬山，完全是按照军事训练这一套走。政治课老师是邓拓、黄静、舒同。军事课就是孙毅和我们区队长。我从 16 岁当兵，一直到今年我 98 岁，我在军队待了一辈子，我一直是个军人。

说起话剧，其实我在上小学的时候就接触话剧了。那时候我们的老师是个话剧爱好者，我记得他给我们排演过田汉的戏《南归》。我演的第一个话剧，是日本人菊池宽写的《父归》，我扮演剧中“弟弟”的角色。后来我上中学四年级时还演过熊佛西的戏《醉了》。后来我到济南上学，看过很多电影，也看过田汉的《风声之起》，看过很多话剧。我就成了一个话剧爱好者。

因为我在学校的时候就比较活跃，唱歌演戏什么的都会，后来军政学校分配的时候就把我分配到宣传队去了，我就到了晋察冀军区的抗敌剧社。我还记得我登台演出的第一部戏是《警觉》，参与创作的第一部剧是话剧《清明节》。《清明节》这部剧当时还获得过军区和边区奖励。

袁丽萍：当时在抗敌剧社演出，有什么印象深刻的事情吗？

胡可：有一个事，说出来你们可能都不大相信这个，就是那一年，晋察冀军区军民反“扫荡”后，我们抗敌剧社在三天内排练出了曹禺的《日出》，为从战斗前线来军区开会的同志们演出。

我们接到演出任务，是在 1940 年的除夕。那天晚上，剧社副社长汪洋和政治指导员刘肖芜去参加司令部会餐时，聂荣臻司令员给他们布置了任务，说来军区开会的同志们想要看《日出》。时间只剩下三天。他们俩饭也不吃了，赶紧回到小北头剧社驻地，紧急开会。这时，大家正在包饺子，一说紧急集合，全都来了。汪洋讲清了任务，传达了聂司令员的指示。刘肖芜进行政治动员。

聂司令员指示的大概意思是，来自冀中、平西、平北、冀东等军区的同志们，经常战斗在敌人心脏里。这次来平山县开会，三天以后，仍然要回到他们的战斗岗位上，下次再开会就不知谁能来、谁不能来了。他们要求看一出好戏，他不能不答应他们。聂司令员下达任务后就立即叫来供给部长，给剧社批了30匹冀中大布。那时，我们演的戏都是反映边区现实生活的，演员需用的服装都是找老乡借。但要演《日出》可就不行了，男演员要穿西装革履、长袍马褂，女演员要穿旗袍。在这农村环境里，哪有这样的服装，只能拿布自己想办法做。

汪洋说："三天时间，咱们可能连台词也背不下来，但我没敢跟司令员说。因为演《日出》是战斗命令，我们必须完成。"

2019年，胡可接受本书作者袁丽萍专访，讲述战斗岁月的故事（王晨光 摄）

可是我们当时连剧本都没有。汪洋忽然想起来，找沙可夫，他一定有。当时，沙可夫是联大文艺学院的院长，住在滹沱河畔的一个村里，离我们驻地几十里路。那时，我们最快的交通工具是马。汪洋大声地问："谁会骑马？"白万才同志应声站起来，说："我会，让我去吧，保证完成任务。"汪洋叮嘱了一句："要连夜赶回来。"白万才二话没说，转身就走。夜深人静，山路悄悄，他策马奔驰，马不停蹄。午夜，赶到沙可夫同志住处，说明来意。沙可夫同志翻箱倒箧，找出这个剧本。白万才赶回来时，太阳刚刚出山。

白万才去找沙可夫的时候，我们的会并没有停。我们要根据印象连夜分配角色。汪洋是导演，负责分配演员。第一个点的就是胡朋，扮演陈白露。胡朋很擅长演农村老太太，虽然那时她还年轻，但是演老太太在边区可以说是“坐了第一把交椅”。演高尔基的《母亲》时，导演崔嵬在晋察冀边区挑选“母亲”的演员，选出来的正是胡朋。可这次让她演的，却是和以前完全相反的人物，是一个十里洋场中的年轻交际花。但是胡朋丝毫没有示弱，当众表态，三天之后台上见，保证不拿剧本，背会台词。也许今天听一个艺术家表决心，只是背会台词，未免要求太低了，但在当时的条件下，却起了很大的表率作用。于是，每一个演员都承诺了这一条。这就使三天以后出现在台上的是戏，而不是在台上“开读书小组会”了。

剧本拿来了，大家心中一块石头落了地，但接着又是一场“战斗”：连夜刻蜡版、油印剧本。大家等不及，就先根据自己扮演的角色把台词抢着抄下来，一段一段地自行对话排练。实际上，等剧本全部印出来，戏已经上演了。

布景、服装最难，我们当时在山沟儿里头，哪里有豪华的城市旅馆的背景呢？我们就把牲口驮东西用的鞍架翻过来，绑上背包、蒙上布，就是沙发。女同志参军时带来的一点花衣服捐献出来，自己做旗袍。三天三夜愣是把舞台布景、服装都收拾出来了。

数九寒天，在剧社的帐篷舞台里演出，就后台有几盘炭火。那是正月初三，天气冷得滴水成冰，可演员只能穿一身单衣裳。像胡朋演的陈白露，胳膊腿儿还得露出半截。台下的观众都穿着棉衣，台上的人穿着春夏衣服。我们就在那样的条件下演出了《日出》。

袁丽萍：您是怎么走上创作道路的？

胡可：我参军前是一个文艺爱好者，参军后又经历了战争，接受了党的教育。在敌后环境下我们和人民群众密切接触，接受了劳动人民的哺育。到敌占区进行政治攻势，在恶劣的环境下进行演出，这些经历对我来说是难得的收获。在敌后虽然条件很困难，但我还是坚持读书。像《静静的顿河》《安娜 · 卡列尼娜》和易卜生的剧本、契诃夫的剧本等等，有条件我就如饥似渴地学习。华北联合大学文艺学院沙可夫同志那里排演一些戏，我们就过去观摩学习。当时剧社演出的都是过去人写的戏，后来随着敌后斗争的发展和宣传的要求，迫切需要我们反映敌后斗争的情况，需要自己写剧本。1940 年我开始学习写剧木，写的第一个戏叫《五十九个殉难者》。那是根据河北望都县柳陀村群众为了给被日寇杀害的 59 位乡亲报仇，青年们集体参军组成“柳陀排”的故事编写的。但我这个戏写得不好，悲悲惨惨的，当时并没有演出。

袁丽萍：《戎冠秀》这部剧是您的代表作之一，您是如何创作的？

胡可：我跟戎冠秀结识，是在 1944 年晋察冀边区的英模表彰大会上。那年戎冠秀 47 岁，我 23 岁。英模表彰大会上，戎冠秀作为拥军模范上台发言。我们作为剧社的创作人员，在那儿列席旁听，接受教育。就听戎冠秀在台上跟唠嗑似的，讲她怎么在反“扫荡”中救护八路军，怎么救助生命濒危的八路军伤员，平时又是如何拥护八路军的。她发完言走下台，台下的战斗英雄都拥上前去围着她。那个场景给我的感觉，就是儿女围到了母亲的身边。

1982 年，胡可、胡朋与戎冠秀老人（中）合影（胡可 提供）

那时我是抗敌剧社戏剧队的副队长，剧社就让我把戎冠秀的事迹写成戏。胡朋是要演她的演员。表彰会一结束，我们就到平山县下盘松村戎冠秀家，体验生活。那些日子里，胡朋为了演她而熟悉她，跟戎冠秀同吃同住同劳动，学习她的样子口气，了解她内心的情感。我就访问她和乡亲，晚上在小煤油灯下写剧本。在这个过程当中，我把戎冠秀的剧本写出来了。那会儿受条件限制，没想到作为一个人物剧来写，主要就是写她的拥军事迹，实际是个报道剧，报道事实。1944 年夏天，这部剧在敌后抗日根据地上演，1946 年又在张家口公演。我没想到，一部农村戏，让全场观众的掌声、笑声不断。公演时，胡朋一出场，台下戎冠秀的弟弟说，这不是我姐姐吗？就是说胡朋她演得太像了。

袁丽萍：我看资料中说，您与戎冠秀一家的情谊已经延续了 5 代人。从剧中到剧外，戎冠秀带给您的影响是不是很大?

胡可：戎冠秀这个人物本身就很感人。戎冠秀她入党比我还早三年呢，她是拥军模范，是老党员，而且是一个勇敢、刚毅、坚持原则的好党员。她为了抗战，把两个儿子都送去当兵了，每天领导“妇救会”的妇女们做棉衣棉鞋，日本人“扫荡”时，她冒着生命危险掩护八路军。我们在村里时发现，戎冠秀的处境远比在表彰会上听到的复杂，而且充满矛盾和冲突。但戎冠秀果敢坚毅、刚正不阿，是个坚持原则的好共产党员。戎冠秀的这种品质也同样是我和胡朋坚持的。后来，戎冠秀的儿子牺牲在抗美援朝战场上，我到村里看望她。她平静地说，当年是自己动员儿子参军并给他戴上大红花走的，后来儿子行军路过家乡匆匆见过一面；现在不打仗了，在山沟里也难见到咱部队了，心里想念大家。在她身上“子弟兵母亲”这个称号，很重。

后来，她作为烈属代表来北京开会、作为劳模来北京开会、她当选为人大代表来北京开会，我或者是胡朋在北京的话，我们都会去看望她，同时也了解她在新中国成立以后的事迹。新中国成立后，农业合作化运动她带头，大炼钢铁她也带头，凡是党中央号召的事情，她都带头。她是一个老模范，受到这么多表彰，别的模范有可能就骄傲了、脱离群众了，但是她一直保持着谦虚谨慎的作风。每次接触她的时候，我们都会被她的事迹所感动。她对革命事业的严肃态度，很让人崇敬。戎冠秀很善良，而且她对党忠诚、爱兵如子。我的母亲很早就去世了，生活中我跟胡朋都将自己看作戎冠秀的儿女。戎冠秀身上，凝聚着我对人民母亲的情感。我接触到那么多的老百姓，接触到那么多的农村大娘，给我印象深的也很多，但是，戎冠秀给我的印象最深，我其实一直想从这方面去写这样一位老母亲的形象。

袁丽萍：1958 年，您创作反映农村题材的话剧《槐树庄》，以戎冠秀为原型塑造了郭大娘这个人物。这部戏在当时产生很大社会影响，您还受到周总理的接见。

胡可：在我心目中，我并不满足于《戎冠秀》这个戏。我想写一个戎冠秀式的农民出身的新的模范人物，以农村的变化为背景。那会儿，人民公社开始出现了。农村在不断地前进，新的人物也应该是不断地随着在往前走。我就想写这么一个戏。但是因为现实情况，我作为一个军人，写部队题材的戏多一些，新中国成立后我缺少机会到农村去体验生活。1958 年秋，我接到创作任务，为纪念新中国成立 10 周年，要我为新成立的战友话剧团写一个剧本。我就考虑要以土地改革和农业合作化为背景，写几个农村人物的经历，以戎冠秀式的老党员为主人公。当时话剧团要剧本要得急，经常来催稿，我只能写一幕交一幕，全剧在 1959 年 4 月完成。这部剧的演出受到大家肯定，后来被八一电影制片厂改编成电影。电影拍摄完正值 1962 年秋党的八届十中全会刚刚开过，《槐树庄》这样一部反映农村合作化的电影自然受到重视。剧中的郭大娘还是由胡朋扮演，这也是胡朋一生中创作的非常成功的艺术形象之一。但是在“文革”中，这部剧被篡改演出，面目全非，说明书上却一直印着“编剧胡可”，这让我非常痛苦。粉碎“四人帮”以后，我把原剧本收入我的剧作选，以示区别。

胡可代表作《槐树庄》剧照（胡可 提供）

袁丽萍：从您这么多部剧中，我们能发现“农村大娘”是一个饱含深情的称呼，您对人民群众的感情很深。

胡可：战争年代里，我们抗敌剧社四海为家，已经记不清曾经投宿过多少个村庄，接受过多少个农村大娘的热情照料。那时我们经常要赶到被日寇刚刚“扫荡”过的村子里去慰问受害的老百姓。残垣断壁，余烬未熄，就听大娘们跟我们哭诉。但即使这样，她们依然不忘关心我们，她们在废墟上支起锅烧水，从灰烬里刨出烧煳了的玉米给我们做饭吃。所以军民鱼水深情，亲人一样的感情，我是从小有体会的。

袁丽萍：我看报道说，您跟胡朋老师是因为《戎冠秀》这部剧走到一起的。“心静云天阔，情深月色浓。斗争常与共，一世可为朋。”这是您写给胡朋老师的诗。你们互为知己的感情非常令人羡慕。

胡可：在戎冠秀家里体验生活的时候，我和胡朋两个人发现彼此的世界观、人生观、价值观是一致的。其实在那之前，我们一块儿演出也有五年之久，互相都很了解。在组织允许后，我们就开始谈恋爱了。我们结婚后，由于工作需要，一直聚少离多，但仅有的见面时间都很珍惜。我们两个人始终在事业上互相支持，在生活上互相照顾。那些年，有的人闹待遇，我跟胡朋说咱们不提，待遇问题一概不提，就是工作。我们约定要好好工作，我搞好我的创作，她好好演电影。

袁丽萍：您在新中国成立前就回到北京，参加了第一次文代会，当时是什么样的情景？

胡可：1949 年 7 月，我有幸以华北军区政治部创作员的身份参加了第一次文代会。那是解放区、国统区文艺工作者的大会师，同时也是各个根据地文艺工作者的大会师，我当时的心情十分振奋，真的是激动得好几天彻夜难眠。那年我 28 岁。在那次盛会上，我不但聆听了毛主席和周总理对新中国文艺工作的指示，还看到了许多以前只闻其名、未见其人的知名文艺家，都是我很崇拜的人。

袁丽萍：《战斗里成长》是您在新中国成立后发表演出的第一部作品。这部剧还被翻译成多国文字，在苏联、匈牙利、罗马尼亚、日本等国上演。这部作品是如何创作出来的？

胡可：解放战争后期，我们实行土改后，农民子弟踊跃参军，这是这部剧的大背景。军区就让我们写一个有助于教育新战士的戏。当时我是剧社创作组组长，就带着四个同志一起到新兵团了解情况，开始创作。一开始写的是为了报仇，父子俩相继出走，在部队里偶然相逢但不认识，后来一家人团圆的故事。大家分幕执笔，最后由我统稿，取名叫《生铁炼成钢》。初稿出来还没来得及修改，我们就接到部队攻打太原的任务。我就带着剧本到了太原前线，在部队代职。北平和平解放后，抗敌剧社改编为华北军区政治部文艺工作团，创作组撤销，我和同志们都走上新岗位，我被调到华北军区文化部从事专职创作。当年，我参加了第一次全国文代会，看到别的地区写的戏都很成功，我就受到了一种激励，想着也写部好剧出来。有了太原前线的生活感受，我决定把《生铁炼成钢》进行改写。但那时候我们创作组的同志已经分配到新的岗位，不在一起了，我就将我原来改写的前两幕压缩，又增加了儿子怎么到了部队、怎样受教育和成长的戏，着重反映部队生活，写出后把这部剧改名为《战斗里成长》。后来，我把剧本交给了丁玲同志，剧本得以在《人民文学》发表，并被不少文工团演出。

胡可代表作《战斗里成长》参加全国第一届话剧观摩演出会（胡可 提供）

话剧《战斗里成长》剧照（胡可 提供）

实际上，这部剧是赶上时机了，它有影响力是很偶然的，而且它是我们四个人写的，我后来改写的而已。当时刚建国，大西南、大西北的战斗还没结束，其他军区的文工团还没有自己的创作，所以很多部队文工团没戏演，就拿这个戏演。而且当时正赶上咱们跟苏联建交了，苏联主动要翻译咱们的剧本，这部剧就被翻译到苏联了。这样才开始在其他国家演出。

袁丽萍：您还有一部代表作是《英雄的阵地》，这部剧是如何创作的？

胡可：实事求是地说，这部剧创作的难度，超过了《战斗里成长》。1945 年 10 月，解放军进军绥远，我以创作人员身份赶到前方，到第三纵队第八旅第二十三团“入伍”。一直到 1946 年夏，我一直在一营的三连“深入生活”，做宣传、教歌、读报，跟官兵一起战斗，与他们建立了深厚的革命友谊。1946 年，这个营在易县刘家沟抵挡了国民党美械部队 3000 人的进攻，作战英勇顽强，被军区授予“钢铁第一营”的称号。我在报纸上得知这一消息，就重访老部队。这次回去，是久别重逢。我的那些战友们，有的牺牲了，有的负伤了。见到我的每个熟人都争着向我讲述他们参加战斗的经历和感受。半个月的时间里，他们谈到的刘家沟战斗的经过和惨烈的情景，我所熟悉的同志们的经历和感受，一直盘旋在我脑海里。

胡可代表作话剧《英雄的阵地》剧照（胡可 提供）

我觉得我有责任，要好好写写那些为人民解放而流血牺牲的战友。我要写出解放军的革命英雄主义精神，要写出人民群众对战争的贡献。新中国成立后，我写完《战斗里成长》，就全身心地创作《英雄的阵地》。所以，这部剧的人物原型，都来源于我熟悉的战友和群众。我的那些战友，那些长眠的英雄，他们的面孔就在我的脑海里，永远都活在我的心里。他们就是我的老师，所给予我的教育，就像输入我身体的血液，一直流淌在我的血管里。可以说这是我最愿意写的一个戏。

袁丽萍：您在很多场合都表达过对牺牲战友的缅怀，这么多年您一直记着他们。

胡可：我忘不了我的那些战友。光是1943年寒冬的反“扫荡”中，我们抗敌剧社就有5位同志倒在了日寇的刺刀下。我的战友吴畏，平时与我交换意见最多、谈话最多。吴畏在突围中被敌人包围，被敌人的刺刀刺进胸膛。他挎包里装着一沓稿子，是一个写民兵斗争还没写完的戏。他倒下了，原稿被风吹散，飘得满地都是。那个场景一直在我的记忆里。

我们剧社创作室有10个人，4个牺牲在抗日战争、解放战争中。我为那些牺牲战友的作品没有留下来而遗憾，但想到他们用生命开辟的文艺之路已开满了鲜花，也会觉得欣慰，我们不能让烈士的血白流。

袁丽萍：《战线南移》这部剧反映的是抗美援朝战争。当时的创作经历是怎样的？

胡可：1952年春出发去朝鲜之前，聂荣臻司令员把我们几个创作人员召集起来，他要求我们不要像过去一样只了解战士，还要了解干部和指挥机关；不但要了解步兵，也要了解其他兵种；要了解前方和后方的整个战争。我就是按照聂帅的讲话要求到朝鲜战场体验生活的。当时朝鲜战争已进入边打边谈的阶段。作为现代战争的许多新事物，都是我未曾经历过的。我决心亲身体验，从头学起。我曾跟随一个团上前线，参加了守备和战斗的全过程，目睹志愿军官兵打下高地山头，看到了战争的各种场面。对我来说，这是现代战争的一个学习班。我的创作素材是亲自体验得来的，虚构的故事也是以我的真实感受为基础的。回国第二年我写出了这个剧，用这个剧回答了我们为什么能够战胜强敌，也歌颂了从战争实践中锻炼出来的一代军人。

袁丽萍：您的作品总是充满战场硝烟的味道，这跟您抵近战争前沿的经历分不开。您怎么理解战场与文艺的关系？

胡可：聂帅在晋察冀时对我们抗敌剧社讲过，说真正革命的文艺产生在斗争激烈的地方，产生在前方，产生在敌人的碉堡下面。去抗美援朝战场前，他又提到了这些话，就是让我们去真实的战争环境中寻找创作源泉。真正优秀的作品都产生在前线和堡垒附近，不入虎穴，焉得虎子？

胡可代表作、《战线南移》剧本
（王晨光 摄）

袁丽萍：有人说，军旅剧缘于“战地宣传”，它的流行是有局限性的。当时的创作条件的确比较艰苦，是如何保证作品艺术性的？

胡可：我们的军旅戏剧，不仅仅是宣传品，它是一种文化艺术。最早在中央苏区和红军队伍中开始话剧艺术创作演出的，是从法国、苏联留学回来的那些“红色海归”。军旅话剧的起点之高，汲取外来文化营养之多，自身的开放包容性之强，在中国话剧史上实属罕见。聂荣臻司令员曾亲自给抗敌剧社下达任务，排练演出高尔基的《母亲》、奥斯特洛夫斯基的《大雷雨》、考涅楚克的《前线》、曹禺的《雷雨》等中外经典剧目。我们在作战间隙、排练演出之余，阅读了当时凡能找到的中译本外国文学名著，比如《铁流》《毁灭》《夏伯阳》《静静的顿河》等。可以说，“土八路”的文艺人一点不土。革命理想的熏陶，民族文化的养育，外来艺术的滋补，造就了我们的人生信仰和艺术情怀。我们始终是敞开心扉迎接八面来风搞创作的。

袁丽萍：有人评价您是“解放区剧作家艺术生命最长、在新中国成立后的军旅戏剧乃至全国话剧创作中影响力最强的剧作家之一”，您是如何看待这样的评价的？您如何看待您所获得的这些荣誉？

胡可：打仗的时候我们每天都在急行军，一天走60里都不算什么。我们要穿过封锁线，为老百姓演出，然后再悄悄转移。我们想过什么？还不是把一条命交给党，交给革命。名是什么？利是什么？没有革命胜利，谁知道我们？所以，我说，我自己是替战争中牺牲的同志接受人民的馈赠和人民给予的荣誉。我在军队待了一辈子，我一直是个军人，是党和部队教育了我，人民培育了我。我一开始是一个狂妄的中学生，骨子里带有那种知识分子的优越感，觉得在劳动人民中高人一等。当了兵以后，我接触到了普通老百姓，接触到了我们的干部和战士，接触到了那些勇敢的人、那些贡献大的人，我开始认识我自己。认识到我就是人民当中的一分子，我要向劳动人民学习。同时在部队里我们学习马列主义基本原理。毛主席的《矛盾论》《实践论》《在延安文艺座谈会上的讲话》等这些文章，给我以深刻教育。我接受了党的教育和人民的哺育，我的一切，都是人民给的，都是革命集体给的。

袁丽萍：您对当前军队文艺工作，有什么希望和建议？

胡可：军队的文艺，对全国的文艺来说，它的贡献是很大的。反映红军时期战争，反映抗日战争、解放战争、抗美援朝战争的作品，差不多都是军队文艺工作者的作品。但我们没有一个军队文艺史的整理和收集，很多史料都流失了。而且现在我们没有一个把全军文艺工作者捏在一起的系统。

另外，就话剧创作来说，我们要重视文学性。要写人物，要写典型环境中的典型性格，要重视性格语言。文学性来自作家对生活的感悟，来自作家的创造性劳动。我希望戏剧创作者把剧作当作文学，通过人物形象给人以鼓舞、以信念、以美的感受，而不要把戏剧当成一般的宣传品。上次文联的负责同志来看我，我已经向他们建议了，剧作者也应该是文学创作者，应该放到作家协会一起搞研讨。

（赵丽丽对本访谈亦有贡献）

创作感言

革命人永远是年轻

袁丽萍

泛黄的摞摞旧书，老式的家具装修，在这间简朴古旧的房子里，时光仿佛留在了上个世纪。98 岁的胡可老师，拄着拐杖，一身新衣，白发梳得整整齐齐，已等待我们多时。

考虑到胡老年龄，我本想采访时间尽量短一些。他却一再说：“丽萍同志，刚才那个问题我还有一些要补充。”“不用休息，我们边吃边谈。”

高山仰止，景行行止。胡老反复说的是“我当了一辈子的兵”“党和人民培育了我”，语重心长的建议是“优秀的作品产生在前线”，讲着讲着就流泪的是那些牺牲的战友、那些人民群众给予的真情。

吃饭时，胡老称呼自己为“上了点年纪的人”，不但不用人照顾，还乐呵呵地跟我们一起喝饮料。

已经走出小院挺远，回首望去，老兵依然如松。革命人永远是年轻。

2019 年 5 月

补　记

2019 年 12 月 4 日，我军著名剧作家、98 岁的胡可老人遽然离世。与党同龄、与党同路，一生创作为人民，这位文艺战士为我们留下了丰厚的精神财富，值得我们永远缅怀与铭记！

时至今日，我都记得他的认真、他的谦和、他对后辈无私的提携与帮助。历经战火洗礼和岁月沉浮，他仍葆有一颗赤子之心。98 岁高龄的老人，会为了一次采访专门穿上新衣，早早等在家中，采访完更是亲手给我修改访谈书稿。他还提前给餐厅打电话订餐，说要请我们这些“辛苦人”吃烤鸭。当谈及一生挚爱胡朋老师时，他会风趣地说：“见面时间那么短，哪有时间吵架呢？”

胡老，是一个多么可爱的人啊！音容笑貌，宛在眼前。整理书稿时，我的眼睛湿了又湿。

还记得采访那日，是个工作日。我们一起用雪碧代替酒水碰了杯，约定到他100岁生日时，我们定要好好喝一场酒。他说，那天他也要喝酒，他可是山东出来的。

我一直没好意思告诉他，我跟他是潍坊老乡。我总想着，还有机会，等我把书拿出来时，等他过百岁生日时，等我更有出息点时……现在，这一切都来不及了。

胡老，千古！永远怀念您！

经典不经典，人民群众说了算

——对话词曲作家吕远

吕远，中国著名词曲作家，1929 年出生于辽宁丹东，1948 年参加解放区宣传队，1963 年调入原海军政治部文工团，曾任海政歌舞团艺术指导、中国文联委员、中国音乐家协会常务理事等职。在 70 多年创作生涯中，他创作了千余首歌曲，百余部歌剧、舞台剧和影视片音乐。其中《克拉玛依之歌》《走上这高高的兴安岭》《西沙，我可爱的家乡》《泉水叮咚响》《牡丹之歌》《我们的生活充满阳光》等脍炙人口的佳作流传至今，深受人民群众的喜爱。

袁丽萍：您是怎么走上音乐创作这条道路的，还记得第一次创作出来的作品吗？

吕远：我出生在丹东，从小就喜欢音乐，15 岁时进入临江县的东北矿山学校学采矿冶金。通过学校里面的老师和乐队，我比较系统地接触、了解到了音乐。有一次学校上文学课，老师讲到宋徽宗被金人俘虏后在五国城写下的一首诗。当时正是日本帝国主义侵略我国，我们又生活在敌伪区，日本人统治的时候对我们是非打即骂，我们都是“亡国奴”。我就有感而发把那首诗谱成了曲子，这是我第一次创作。

2019 年，吕远接受本书作者袁丽萍采访，追忆峥嵘岁月（王晨光 摄）

1945 年冬天，八路军来接收我们学校，我开始接受党的思想教育。党从延安带来很多文化节目，比如《兄妹开荒》《夫妻识字》等。当时我们学的都是西洋音乐嘛，刚开始听这些剧，还觉得挺土，不太能接受。后来就知道了，学校组织宣传队去演出，我们演奏洋的，老百姓不拍巴掌，但是一唱革命歌曲，战士也鼓掌，老百姓也鼓掌。打那以后，我慢慢认识到音乐艺术的社会意义，知道我的音乐不是为我存在，应该是为我的表演对象存在，也就是为人民存在。

后来从学校出来后，我就被分配到了东北林业局。东北林业资源丰富嘛，就有一个林业局，下面就有职工业余的演出，有个演出队。我会写点东西，当时就给演出队写一写，当时来说就是一种任务。1950 年我写了《筑堤民工组歌》，发表在《长江歌声》上，我还记得组歌的第一首叫《扁担软又宽》。因此，组织就很重视培养我，就把我送到东北师范大学音乐系学习。

年轻时期的吕远和夫人（吕远 提供）

袁丽萍：《建设者之歌》是您早期创作的在全国唱响的歌曲，当时是怎么想到创作这么一首歌曲的？

吕远：1954 年，我从东北师范大学音乐系毕业后，到了中央建政文工团，就是建筑工程部的文艺工作团。当时国家要实现工业化，要搞建设，我们有几十万军人响应国家号召，脱下军装，加入建筑大军。这些人的品质是非常好的，甘于为了国家吃苦受累，斗志昂扬。像国家工业化的典型长春第一汽车厂等国家数得着的大工程都是他们建设的。当时我去建筑工地体验生活，看着他们晒得黢黑黢黑的，我就觉得应该要为这群建筑工人写首歌。歌里写的“我们的面前总是无尽的荒原，我们的背后总留下片片厂房”“战斗着，奔向前方”等等，都是真实生活的反映。后来，这个歌就被团中央推荐了，开始在全国流传。那时候走到一个大点的建筑工地上，基本都能听到这首歌。

袁丽萍：在20世纪50年代，很多人对于克拉玛依的憧憬就是源自您创作的《克拉玛依之歌》，能聊一下这首歌吗？

吕远：当时的中国，石油非常匮乏。1956年，一个偶然的机会我看到关于西北克拉玛依打出油井的材料。这就打破了外国人所说的“中国无石油”的论断，我就很激动，想写个歌。我们这批从东北出来的学生，是当过“亡国奴”的，最大的特点就是特别爱国，特别想国家富起来。我想去了解这个事情，但当时关于克拉玛依的资料很少，甚至地图上都找不到名字，歌就一直没写出来。1958年，我到兰州炼油厂劳动锻炼，得知我们炼的就是克拉玛依打出来的石油，非常激动，就又想写这个克拉玛依的歌。我在兰州找了很多资料，知道克拉玛依环境非常艰苦，那地方风非常大，帐篷都立不住，大铁桶都能吹着跑。找油的这些人大部分也是从解放军转业来的，工作也异常艰辛，杨虎城的女儿就是在地质勘探队找油时遭遇风暴牺牲了。我想让大家能了解克拉玛依，了解奋斗在克拉玛依的人们。一开始没有找到切入点，后来我就想写种对比。克拉玛依有牧马人、荒原，还有红旗、厂房。当时我们很少有抒情歌曲，这歌是抒情的，出来后一下就唱开了，好多学生写信找我要歌片。当时的歌片就是钢板刻印的。的确很多人对我说过，我是听《克拉玛依之歌》来到克拉玛依的。但也有反着说的。前些年我去克拉玛依的时候，有个女同志说：“你知道吗，我是被你骗来的。”我说：“我怎么骗你的？”她说：“你说克拉玛依怎么怎么好，来了才知道怎么怎么艰苦。”其实她说的是反话。我说，你现在怎么还在这儿？她说，我爱上这儿了。我遇到一个非常奇怪的现象，去克拉玛依的大部分都是内地的，去了之后非常能吃苦，性格都变了，跟钢铁一样。我觉得，新中国成立后这70年国家飞速发展，克拉玛依算是一个标本，就是从最原始的、最艰苦的一个地方现在变成全国宜居城市，非常不容易也非常值得总结。现在我是那儿的荣誉市民，有什么活动我都会积极参加。

袁丽萍：电影《南海风云》中有个插曲《西沙，我可爱的家乡》，当时也在社会上产生很大影响。这首歌您是如何创作出来的?

吕远：1963年我调到了海军文工团，原先写有关建设的歌，打那就开始写部队的歌、国防建设的歌。

1974年我国进行了西沙自卫反击战。战斗胜利后，我第一次到海南，登上了西沙永兴岛，在各个岛上都走了一圈，采访了参与西沙海战的海军官兵和当地渔民。现在西沙建设得很好了，很多人不知道原来那边有多艰苦。我们开始去的时候也不知道，就去海边捡贝壳，结果天气特别热，晒十来分钟身上就起水泡。岛上已经没有敌人了，只有几种植物，很荒凉。当时岛上没房子，只有炮楼和观察气象的棚子。我在一个棚子里碰到了词作家苏圻雄，他也在写东西。我们就像

吕远八十回响长春音乐会现场（吕远 提供）

碰到亲人一样，聊得很高兴，就说要赶紧合作一起写个东西出来。

1975 年开春，我第二次来到海南。这一次，是到西沙、三亚等地，主要是进行深入采访和收集素材。我去了解了当地的少数民族歌曲和渔歌，收集了很多音乐素材。海南不同地区的民族歌曲和民间音乐都有自己的特点，让我收获颇丰。

1975 年底，海军部队又派我跟随电影《南海风云》摄制组再次来到海南补充采风，我随摄制组第三次来到西沙，又有了很多感受和体会。电影要有个主题曲，我和苏圻雄就一个作曲一个写词，后面几经修改，最后完成了《西沙，我可爱的家乡》。我们俩都是在西沙体验过生活的人，写这个歌都很有感情。

2012 年三沙市成立后，我和苏圻雄又在原有的歌曲基础上，创作出《三沙祖宗海》。三沙市把这个歌作为了市歌。

但是在《西沙，我可爱的家乡》这首歌这儿，有个误会。当时录这首歌的分别是卞小贞和梁长喜，最后出版时印的是卞小贞和吕文科，是印错了。但现在文科和长喜都已经去世了，一直未能纠正这个误会，这是个遗憾。

吕远在八十回响长春音乐会上（吕远 提供）

袁丽萍：《俺的海岛好》这首歌非常俏皮幽默，创作时您是怎么考虑的？

吕远：早些年文工团演出形式比较单一，就是独唱、合唱，没有重唱。我就想着写一个重唱的歌曲。正好当时我们要宣传海军，因为普通群众对海军的艰苦性还不太了解，我就选择用艰苦与乐观作为这首歌的主题。用一种比较风趣的方式，展示海军战士把海岛变成家园的这种乐观精神。虽然条件很艰苦，但海军战士总是会想办法从路上带点儿土过去，养鸡什么的，把海岛当家。文工团有个演员叫王程远，现在也已经去世了，他本人就有趣得很，唱这个歌唱得也好，这个歌非常受海军战士的欢迎。

袁丽萍：作为一名老艺术家，您被很多人称为“多产作家”，您统计过自己有多少作品吗？

吕远：我没有统计过，也没法统计。因为从前那些文字稿因为种种原因都销毁了，我现在手里面能有的就是卡带。20 世纪 50 年代起，我们所用的钢丝带、6.25 开盘带，都是国家保存。然后就是卡带、磁带，那个时候个人就可以保存了。之后就变成了 DAT 带，再之后就是 CD 了。所以我手上还有的，或各个单位还有的，都是卡带出现以后的作品了。

我一辈子在文工团工作，其实就是个创作员，我一辈子不停地在创作，到底创作了多少，没去也没法统计。我个人认为统计作品数量没有意义，作品的数量多少和社会效益的大小没有必然的关系。作品数量再多，如果不能产生社会效益，那意义也不大。我觉得我的作品中，真正能起到积极作用的是很少的，大部分作品周期性很短。大部分就是，不是说不起积极作用，就是说时间性很短。写出来，演一次就没了，有时候演几次就没了。有些写出来没有演出就没有了。所以，我认为大家就是鼓励我，才叫我“多产作家”。

袁丽萍：您创作的这么多歌曲中，哪一首您觉得比较满意？

吕远：总体来说，群众满意的作品我就满意。有一首歌，是吕文科唱的，叫《再见吧，第八个故乡》。虽然这首歌在我的作品中流传不算最广的，但我对这首歌是比较有感情的。当时我跟着建设大军一起锻炼、劳动，了解到很多。他们这批建设者，来的时候，这里是一片荒地，什么都没有，他们到了这一个地方后，把楼房、桥梁等建起来了。城市灯光亮了，房间也暖了，他们却又走了。这个地方就成了他们的一个"故乡"。之后，又去下一个地方参加建设，到了湛江就是第八个地方了。这首歌反映了一个特定阶层的特定感情。现在的年轻人可能不太了解了，当年我们国家有这么一支上级一声令下脱下军装拿起锹、镐的建设"大军"，所以这首歌我很有感情。这批人现在都八九十岁了，现在可能很少有人知道当年他们付出了多少，所以我对这首歌很有感情。歌词大概是："船儿在海港轻轻地摇荡，我在船上告别了湛江。海鸥在头上轻轻问我，建设者啊你又要去向何方？我从寒冷的北方到炎热的南方。三年前我到了湛江海港，这里只有椰子树立在路旁。我今天离开这个海港的时候，有千百座大楼都在向我闪着目光。"

这首歌还被当时的有些知青改词了。前几年我到广东遇到了一个书法家，听见他唱得很熟悉，细细一听是词改了曲还在。虽然这首歌知名度不高，但是我对这首歌是有特殊的感情的。

袁丽萍：您是如何创作出这么多题材宽广、形式风格多样的作品的？您的创作灵感来自哪儿？

吕远：我不是一个有灵感的人，我写东西很慢，甚至需要苦思冥想很长时间。我个人认为，灵感无非就是艰苦的劳动和不停的思考，艰苦到一定时候会突然迸发一个火花，可能新的作品就产生了。

袁丽萍：贺敬之同志称赞您是"人民音乐家"，音乐创作之路您已经走过 70 多年。您怎么看音乐的人民属性，怎么理解音乐为人民服务？

吕远：实事求是地说，我达不到这个高度。我所做的就是完成任务，组织下达的任务我一定认真去完成。我个人认为音乐的作用是三种，一种是教育，一种是娱乐作用，还有就是审美，我认为音乐总体来讲是这三种作用，也可以说是三种属性，应该统一起来，但事实上不可能完全统一。音乐的属性是不一样的，我为什么提到审美？因为审美不完全等同于教育。贝多芬的命运交响乐，它的内涵是美，它用不同的音色、节奏、旋律让人得到美的满足。而审美又不是教育和娱乐能够代替。这点现在在教育领域开始强调了。因为音乐的审美属性会让心灵甚至性格、人格美化。非常喜欢音乐的人、能充分欣赏音乐美的人，没有几个上街去打架的，所以音乐的审美属性是个非常重要的作用。我认为教育、娱乐、审美这三种属性或是作用对音乐来说都是需要的，但是对整个社会来讲要分出主、次，轻、重，不可以完全自由化。有关的部门，该领导的要有领导的作用，该引导的要有引导的作用。对于娱乐的，我甚至觉得该限制的要限制，需要取缔的要坚决取缔。对待不同的音乐应该要有不同的区别，对于不同作用的音乐，必须要有相应的不同的政策。可以用科学的税法来限制。比如说在日本，有个国家剧场，规格很高，只允许真正的艺术来演出，但是进这里演出，不仅不收钱还给钱。对待不同的音乐，应该要有所区别，对于不同作用的音乐，必须要有相应的不同的政策和税法。

吕远作品重庆音乐会（吕远 提供）

袁丽萍：您是 1963 年到部队，那时您已经 34 岁了，尽管不是从小当兵，但从您的作品中可以看出来您对部队的感情是很深的。

吕远：我这一生中看得最重的还是部队，直到现在我 90 岁了还是这样。不管到哪儿，我介绍自己不是说我是著名作曲家，而是说我就是一名海军文艺战士，这是我给自己的定位。

袁丽萍：在部队 90 后、00 后都已经成为主体了。对年青一代，您觉得军旅音乐应该如何发挥作用？

吕远：军旅音乐有个基本特色是什么呢？那就是爱国，不管是什么形式，它的主题就是爱国。这个主题不要离开。我认为军旅歌曲的爱国、战斗、纪律、团结这几种精神是构成军旅文化最核心的东西。任何时候不可以改变，当然穿插适当的娱乐性也是需要的。

袁丽萍：您觉得在当下的环境下要创作经典的歌曲，需要具备哪些要素？

吕远：一部作品成为经典，可以长时间流传，我觉得不取决于创作者，甚至不完全取决于歌唱家和演奏家。因为一个作品能不能成为经典，不是这个作家和歌唱家或是一个团队能够定下来的，不能是他们说是经典那就是经典了。它是历史的产物，是社会生活在特定的历史时期形成的一个产物，谁都决定不了。这是人民的评价，我历来不认为像有些人说“你看吕远培养多少歌唱家”。不是因为我写了一个《我们的生活充满阳光》，然后这首歌就可以成为经典，能决定成为比较持久流传的歌曲的是社会的广大群众和社会环境。特定历史环境的人、这些听歌的人、这些鼓掌的人，他们是决定这个作品存在不存在的人，并不是我们自己说好就行。人民群众才能决定这个作品能不能成为经典。我觉得当前所说的某些造星能手，不仅造不了星，星也造不了自己。比如《我们的生活充满阳光》这首歌，是在粉碎“四人帮”后的一个时期，人们渴望阳光一般的生活终于来临，因为之前很长一段时间比较压抑，那个时候演唱者亲切、欢畅的歌声就受到了大家的欢迎。听完一首歌觉得歌不错，首先知道的就是歌手，然后才知道这首歌的作者是谁，所以我们往往是最后被知道的。我们只是社会生活中的一个极小的零件，决定作品成败与否的是人民群众。《牡丹之歌》也好，《一个美丽的传说》也好，从现象上看是唱的人唱好了，但本质上不是，能决定谁成为歌唱家的是人民群众。所以我就觉得，不是我培养了蒋大为，我倒是应该感谢他，如果没有蒋大为的音色和表现，那个歌唱不好。就像我写《克拉玛依之歌》，如果没有吕文科那种非常飘逸的抒情的歌声，我那个歌只是一张纸。所以我说比我作用更大的是歌唱家，但是歌唱家也只是歌唱家，起决定作用的是人民群众。

袁丽萍：作为一名创作者，他创作的歌曲被人民所选择所认可，前提是这首歌曲是符合人民群众的要求的，或者说是跟得上时代的。对于一个创作者来说，如何跟得上时代是个永恒的命题。

吕远：你说的这个问题，是个很长时间在我们这个队伍里大家不断在讨论的问题。一个作家的作品，能不能被广大人民群众承认，能不能被历史承认，有个前提，就是这个作品反映的历史感情或者这个作品表现的内容，是不是人民群众内心渴望的。这是重中之重。有时候我们写的东西可能不是人民群众真正需要的。在特定历史时期，布置的任务大家都要做、不能不做，在这样一个情况下，那个时期的有些作品已经脱离人民群众的需要了，如何掌握分寸？这个每个人是不一样的。所以，能更多地在群众中走走的，能更多地听听群众的声音和感情的，可能他掌握得就更好一些，体会得深刻一些、准确一些，写出来的东西就更有历史价值。如果脱离了这些东西按照主观的一些东西去写，那就不行。所以我们要能更多地听到群众的声音和体会，感悟人民群众的所思所想，这是个要害。

袁丽萍：部队基层有非常多的业余音乐创作者，您怎么评价他们？

吕远：我们是同行不同业，我个人认为我们有专业和业余之分。业余的作品在技巧上不一定比我们的精，但是基层的作品，有些方面是我们不如的——作品的现实性和群众性。因为他就在群众里面，比如说明天要去练兵，练兵要练什么、会遇到什么困难、有什么体会，他在那儿摸爬滚打，他写的东西就是他的生活。这和我们在外面看到的，或者我们想到的听到的那是不同的。所以我认为，业余作者和专业作者是两个群体，是不能否认另外一个群体的，不能说专业就重要，业余就不重要，不是这样的。在数量上，业余的作品远远多于专业的作品，就拿我个人来说不管是一千首也好，两千首也罢，知道的作品是少数，不知道的作品是多数。但是不能因为流传性不广就说写的这首歌是无价值的。因为，整个音乐生涯中，不管是几十年在唱的，还是只有几天在唱的，所有的作品才构成了一个历史。我们不是仅仅靠这些在传唱的作品中国革命才胜利的。是有许许多多的歌曲，哪怕只是唱过一次的，都是起到了鼓动作用的。这些都构成了历史，我们必须给业余的创作家一个很高的评价。

袁丽萍：您曾说过您最大的财富就是您的艺术家朋友们，能聊一聊您的“财富观”，聊一聊您的这些艺术家朋友吗？

吕远：我 20 世纪五六十年代的工作室只有不足 4 平方米，多年以后才有七八平方米，但却有不少亲密合作的好友聚谈。我自嘲是“客来比面而坐，情深何须烟酒”，唐诃、吕文科都是我情同手足的合作伙伴，许多作品都是他们帮我完成的，可惜他们都先我而逝了。马金星、柳石明也都是我几十年合作的挚友，《泉水叮咚响》《有一个美丽的传说》等歌曲中都

吕远在书架前（吕远 提供）

充满了他们的汗水，但前些年他们都相继走了，我深夜缅想，异常悲哀。好在我还有许多健在的朋友。我从70年前参加革命至今，都是完成任务，从来没有“价格意识”，直到离休也没参与商业文化。我不喝酒不抽烟也不喝茶，肉也吃不了几块，物质生活上没有任何追求。我唯一的财富就是几十年同我亲密合作的作词作曲和演唱的朋友们，从耄耋古稀的耿莲凤、于淑珍、杨洪基、蒋大为、卞小贞到年青一代的王宏伟、吕薇、吴碧霞等同志，只要我有需要，他们便立即来同我相聚，不讲条件，也不谈报酬，也不管是在什么地方，引吭高歌，一定满足人民群众的需要。我常想，我老了，夫复何求？我一生最大的财富就是那些同我合作过的常见面的和不常见面的艺术家，他们的歌声，他们的笑声，他们获得的人民的掌声，这就是我的财富和幸福。我永远怀着感激的心情思念着他们。

（陈俊龙对本访谈亦有贡献）

创作感言

一辈子创作

袁丽萍

采访吕老，总感觉自带“背景音乐”。千余首歌曲，诸多经典流传，经常是聊着聊着，我们就一起哼唱起来。

采访地点，吕老定在干休所的阅览室。他说自家书房太乱。

直到跟着他回家拿材料，才知道“太乱”的含义——书房里，整个一面墙是一长排高至房顶的书柜，里面密密麻麻排满了各种类型的歌片，开盘带、DAT带、磁带、CD……就像一个微型音乐博物馆。

一张老式写字台堆满书籍，台上一张硕大的谱纸上满是铅笔的圈圈点点。

写字台正对面是一台大电视，代替显示屏，方便他用电脑随时工作。

我不由得想起采访中他的话，“我就是个创作员，一辈子创作”“灵感无非就是艰苦的劳动和不停的思考……”

“今天的合影如何给您？”

“咱们加个微信，你扫我吧。”

吕老果然是个“90 后”。他在那部跟我同款的智能手机上点了几下，就调出了二维码。

勤奋的人，不断学习的人，总能跟得上时代。

2019 年 5 月

到生活中寻觅作品的生命

——对话作曲家姜春阳

姜春阳，著名作曲家，国家一级作曲。1929 年出生于辽宁丹东，1948 年入伍，创作歌剧 20 余部、歌曲近千首。其中，歌剧《刘四姐》（与羊鸣合作）、《江姐》（与羊鸣、金砂合作）都属经典之作，唱段《红梅赞》《绣红旗》等歌曲流传至今。他创作的《我飞在祖国的天空》《军营男子汉》等军歌，激情昂扬，激励着一代代官兵。《幸福在哪里》《听，国旗的飘扬声》等歌曲充满时代气息，反映人民心声情感，成为一个时代的音乐标记。

袁丽萍：您开始音乐创作的契机是什么？怎么走上音乐创作道路的？战地生活对您的音乐创作有什么影响？

姜春阳：我1948年从沈阳参军，那年19岁，参加解放军第四野战军440团宣传队。那是一个基层宣传队。当时我们宣传队同时还是战斗队，所有人都参加过战斗。有的人发到一杆枪，有乐器的就背乐器，人人都是一个背包，背8斤重的干粮袋。那时候，我们宣传队经常在路边架起鼓动棚，先烧好开水，等部队路过时，就一边给他们送水，一边扭秧歌、演活报戏、演奏乐器，搞鼓动宣传。

我们一天要走60里路，就是这么早出晚归，整个路途就没有坐过车。我们这个部队还是第四野战军的先头部队，任务就是要追击敌人。所以每天我们的任务就是追追追，见到敌人就打，追击消灭敌人，一路上都是这样。

这个环境下，我是几次死里逃生。天津战役的时候，部队进关了好不容易到了一个点能休息了，结果刚要吃饭就来了任务，要急行军，是什么任务我们也不知道。我后来通过《毛泽东选集》第四卷的一篇文章才了解到，当时国民党有一股敌人要从天津附近的塘沽新港逃跑，需要我们赶快过去拦截。追到塘沽海边，敌人正在登船逃跑呢。可敌人在塘沽那个海边沙滩埋了地雷，我们一开始没想到，冲上去就有人牺牲了，团长立即下令工兵排雷，但没时间挖，只能发现一个雷插一个红旗，一直插到海边。直到排出安全区了，我们放心了，团长就下令："同志们，冲啊！"可是大冬天的又是在海边，一股大风把这红旗吹得满地都是，雷白排了。这个时候你说我们冲还是不冲？当然要冲啊！

袁丽萍：宣传队也要冲上前去吗？

姜春阳：我就是带领宣传队冲锋的！我当时是宣传队的一个组长，就带着人冲。老天有眼，我没有牺牲。正因为敢冲，最后敌人终于竖起了白旗。投降了，那大家就是兄弟。我们把他们接下来安顿好，在塘沽边上的北塘小渔村休整，开会评功。给我评了个三等功，因为我作战勇猛。那一次我没死成，但是我的很多战友都牺牲了。

这一次之后，我们就南下到了河北河南，因为我们就是一边追一边跑，领导就说："姜春阳，你们每天的节目除了活报戏、大秧歌，还能不能整点别的？"所以我根据当时我们的任务，创作了我参军后的第一部作品，叫《追追追》，这是首进行曲，一边行军一边唱，一下子就在部队传开了。所以说，你必须要有这个生活、有这个感受，才能把部队的真实情况写出来，才能受战士认可。后来到了广西，这歌部队一集合就唱，别的部队也来要过这首歌。我就想找个地方发表一下吧，就发表到歌本《湖北歌声》，发表没多久就给我寄过歌本来了。当时那个时候，一个团宣传队写了一个歌还发表了，全团都传开了。就这么一首歌，影响了我一辈子的创作。

袁丽萍：听说您在战争时期有一段"半匹马"的故事，能跟我们讲讲吗？

姜春阳：那是在衡宝战役时，我还是440团宣传队副队长。那次打仗时我们遭遇了敌人的机枪扫射，部队都被打乱了，领导叫我去调动部队。我跑过去一看，我跟大部队还隔着一条江呢。怎么喊都听不见，我也管不了那么多了，爬上桥头的最高点，冒着敌人的机枪朝部队喊："不要往前走了！回撤！"他们才听见，按着指挥调动。这时候老团长和一个政治部主任站在岸上朝我喊："姜春阳！你给我下来！"我低头一看，敌人机枪的子弹"哒哒哒"就打在我脚边，在我身边溅起"噗噗”的水花，但我命大，敌人就是没打死我。战斗结束后，部队做总结，我又立功了，这次奖励我半匹马。别人都问半匹马是怎么回事儿呢？那时候，马匹很少，一般是给伤病员和团级干部骑马，让马驮行李。我当时一个副队长，是个排级干部。但是领导认为我有功，宣传队又有一匹马，就奖励我可以用马驮行李，就是半匹马。

袁丽萍：您创作的歌曲《祖国，我们日夜保卫你》，流传很广，据说成为20世纪50年代空政文工团演出的“代表作”。

姜春阳：抗美援朝战争爆发后，我被调入沈阳军区，刚好赶上志愿军参加会演。我当时在沈阳军区空三军的文工队任代理队长，前后三次进入朝鲜慰问演出。抗美援朝结束后，这个文工队在战场上非常活跃，很受欢迎，所以后来空政文工团把我们整个文工队全部调到空政文工团了。到了空政后，领导给我安排着干什么呢？因为我以前在宣传队，既是队长，又唱歌，还会搞创作。所以领导把我留在团里做独唱演员，但我的创作并没有中断。我在陆军时写了《追追追》，节奏很欢快。那空军是什么节奏？空军是飞翔呀。我之前在机场体验生活，看到飞机“哗哗”地起飞，我就琢磨着写一首空军的歌了。可是很长时间没有写成，原因很简单，没有歌词，没有我脑海里感受到的空军形象。偶然一天，我在我们演员集体宿舍的桌上，看到一篇歌词，叫作“祖国，我们日夜保卫你”。歌词的第一句，便是“我飞在祖国的天空，像白鸽一样飞翔。我飞过金黄的大地，沿着海边去巡航”。当时我一看到这篇词，脑子里立刻就有了旋律。我大胆地把它写成3/4拍的大合唱。歌曲交给领导后，这个歌就成了20世纪50年代初期空政文工团的“代表作”。那时空政文工团演出时，第一个节目一般都安排大合唱，基本上都唱这个歌。

但是词作者我到现在都没见到。这首词哪儿来的呢？是从我们一个队的战友那里得来的。他原本是南京军区文工队的，调到北京来后，他以前的战友来到北京探望他，送了这么一首词给他。后来我才知道词作者叫作倪维德。

这首歌后来还参加了驻京海陆空文艺团体联合演出，是空军的唯一代表。当时海军唱《强大的舰队》，作曲的是《中国人民解放军进行曲》的曲作者，陆军唱《我是一个兵》，空军就唱《祖国，我们日夜保卫你》。从此，歌曲一炮而红，还被选为世界青年联欢节推荐歌曲。当时苏联音乐作家杜马绍夫把北京音乐团体的节目都看了一遍说："最棒的两个单位，一个是中央合唱团，另一个就是空政合唱团。其中有一首歌《祖国，我们日夜保卫你》，我要把它带到苏联去，介绍给苏联朋友唱。"

袁丽萍：您是如何走上歌剧创作道路的？歌剧跟一般的歌曲创作还是有很大不同的。

姜春阳：那时我们到广西剿匪，部队很重视这个事情，说我们剿匪反霸这个事情能不能写个歌，于是我就写了个《剿匪演唱》，又收集地方民调，写了个莲花落歌唱《英雄小李若》。这个事背后还有一个故事，当时敌人看我宣传鼓动群众作用明显，就想暗杀我。当时有个土匪头子，见我和广西老乡关系密切，感到形势对他不利，就打算埋伏在我们发动群众返程的路上，准备趁我们返回途中用手榴弹炸死我。但那天我在发动群众途中，抬头看到不远处还有一处村庄，心里的干劲儿上来了，又继续去搞宣传了，恰巧没有原路返回。那回他暗杀失败，难解心头恨，便在城里贴悬赏告示，"出400大洋活捉姜队长"！之后这个土匪头子被擒获，经公安部门审讯才得知了这么一段事情。那时候正好师里要搞会演，团里领导就决定我的《剿匪演唱》《莲花落》参加会演，一个师里三个团宣队参加会演，我的两个作品都选上了。之后司令把我留住，说既然写剿匪，不如写个歌剧吧，于是我就写了个多幕歌剧，叫作《活捉匪首陈均亮》。这个歌剧进了中南军区会演，军里三个师那么多团参加会演，我这三个作品都得奖了，会演的中选作品还出了本书。之后就代表军里到中南军区（现在广东军区）参加会演，当时军里出4

个节目，其中 3 个就是我的节目。

袁丽萍：1958 年，您被调到刚成立的空政歌剧团搞创作，跟羊鸣、阎肃一起工作。创作的《刘四姐》这部歌剧非常成功，背后有哪些故事？

姜春阳：刚刚说到，我 20 世纪 50 年代初就开始写歌剧了，当时我是 440 团宣传队副队长，因为写的几个歌剧在军里参加会演获奖，演出效果非常好，因此把我调到中南军区文工团。后来我调到空政文工团。1958 年，文工团扩编了，总团下设歌舞团、歌剧团、话剧团、军乐队等。由于我原本是独唱演员，又搞创作，所以干脆把我调到刚成立的歌剧团搞创作。这时候歌剧团有哪些人呢？有羊鸣，我，后来还有阎肃，最早就我们三个人。

歌剧团成立之后，创作的第一个歌剧叫作《荒原春天》。这是我在北大荒搞慰问演出感受到的，于是我就写了这么一个戏。写了之后呢，曲子我写好了，但对于剧本没有把握，毕竟我也不是搞文字的，我就找了张士燮，就是《十送红军》的作者。我说剧本就交给你吧。他说好，写了之后就开演了。但是效果却不尽如人意，写了就写了，演了就演了，完了就完了。

那时候我们还写了个大歌剧《牡丹江畔》，讲的是我们空军在艰苦条件下建立空军航校的故事。这是我和羊鸣、阎肃一起创作的，我和阎肃都在戏里演了角色，羊鸣既是乐队指挥，又参与了写曲。写完了以后，全军要搞一个会演，这个写空军的戏就代表空军参演。当时有一个简报，是专门报道这些会演节目的。当天演的节目第二天就给登出来了，演得好的给予充分肯定，不足的诚恳建议，希望改一改，当时这个简报搞得热火朝天的。轮到《牡丹江畔》开演了，我们第二天看简报，却没有报道。三天过去了，还是没有。这是为什么呢？后来我就找各大军区的战友询问，大家对《牡丹江畔》有什么看法，为什么简报没登。大家都是很好的战友，不好跟我说实话，就对我说：“哎，别提了，算了吧。”这对我们创作组成员来说是一个很大的打击。不久就听到一个风声：歌剧团1958年成立到现在60年代了，再写不出东西就该解散了！

后来有演员见到我，问我：“姜春阳，你现在写什么东西了没有？再写不出来我们可都要解散啦。”你想想，我是搞创作的，全团都指望着我们，确实是有压力的。我就反思自己：有极大的创作热情，无写歌剧的艺术功力。新歌剧发展到这个时候，从剧本到音乐都要有戏剧性，要描绘出人物的心理、性格上的冲突，不能琐碎。我们拘泥于素材，创造性不够，肯定是会被淘汰的。

袁丽萍：《刘四姐》是不是就是在这种充满压力的情况下诞生的？

姜春阳：对的，就在这关键时候，阎肃拿了个剧本给我，《刘四姐》。这个剧本说的是游击队长刘四姐和敌人做斗争的故事。我说这个剧本挺好，我过去写的歌剧都没有这一部这么有情节，这么生动感人。可这个时候很不巧，我们还有7天就要下部队了。7天时间，能写出来吗？我就和羊鸣合计着，咱也不商量了，你写一部分，我写一部分，写好了就行。羊鸣说行。后来，很多人都说我和羊鸣像亲兄弟一样，一个东西分开了写仍然非常有默契，不管是《刘四姐》还是之后的《江姐》，都很合拍。7天之后我们去部队了，就把剧本留给歌剧团，让他们看看能不能排。歌剧团看过后认为，这部作品比过去的都好，党委当即决定就排《刘四姐》，紧接着就到全国演出，一经开演就引起了热烈的欢迎。反响好到什么程度呢？好到总政歌剧团都要拿去排，好到第一天开演，第二天就有地方剧团要过来学。但是大家没有时间留下来教，就在演出结束后，妆也没卸台也没拆，就角色对角色、导演对导演、乐队跟乐队的现场对口教。这个戏还出乎我意料的是，山东音乐出版社把《刘四姐》作为单行本出版了。这件事我觉得验证了一句话：失败是成功之母。因为《刘四姐》的成功是从前面的失败中得来的。没有前面的失败，就不会有我们的冷静反思，就不会有《刘四姐》和之后的《江姐》了。

袁丽萍：说到《江姐》，我们访问羊鸣老师时，他对艰辛的创作过程非常感慨。

姜春阳：的确很不容易。第一稿我们写得高高兴兴，我和羊鸣、阎肃拿来汇报，领导、演员、导演、乐队指挥都来了。阎肃念剧本，我唱。唱完了满以为会通过，结果只有第二场有一段可以保留，其他全“毙”了，我和羊鸣都哭了。

就在这时，周总理提到在艺术创作上要“革命化、民族化、群众化”，一下给我们点亮了方向。我们第二次写《江姐》，四川音调由后加入的金砂写，他是四川人，其他的由我和羊鸣写。为了搞好这个戏，我们俩把能走的戏曲单位，都走了个遍。中国戏曲的表现手法太丰富了，有慢板、快板、轻板、流水板等等。我们将这个板腔体运用在了歌剧中，比如江姐“看长江”一出场，未见人先闻声，民族戏曲的魅力就在这儿了。

歌曲原来的主题曲不是《红梅赞》，是“行程长江上，哪怕风和浪”。刘亚楼司令员提出，主题曲应该围绕女主人公江姐来升华主题。我们便又重新写了主题曲。《江姐》的成功，有乐队、作者的作用，但也不要忘记刘亚楼司令员、文工团全团，包括炊事员、清洁员的功劳，它是全员团结的产物。

袁丽萍：艰辛的创作换来艺术的成功。**《江姐》1964 年在全国公演后，引起巨大反响，一年间上演 286 场，成为民族歌剧不朽的经典**。**您觉得《江姐》为什么能经久不衰？魅力在哪里？**

姜春阳：这部剧的创作、演出当然都是非常优秀的，它充满艺术感染力。但我认为它最大的魅力在于“江姐”这个形象的伟大。她用生命为祖国奉献，她代表着无数为国牺牲的烈士。当时在周总理有关“三化”的总要求下，塑造江姐的英雄形象是我们写这部歌剧音乐的最高任务。如何做到形象鲜明、个性突出、精神面貌挖掘得深？要想达到以上要求，必须对剧中人物做一个正确的分析和理解，否则只能把人物搞得

“表面化”“脸谱化”。

第 5 次复排的歌剧《江姐》剧照。第 5 代“江姐”由王莉饰演（空军文宣部门资料图片）

我们对江姐这个人物的分析和理解是这样的：

江姐——坚强的革命者：对党无限忠诚，对敌人无比憎恨，对同志无限热爱；她胸怀宽广，志气远大，一切以党的利益为重；为实现共产主义理想，不怕流血、不怕牺牲；在敌人面前，不畏强暴，不管碰到任何困难，她总是临危不惧，从容不迫；她感情充沛而又细腻，是个外柔内刚的人。基于上面对江姐这个英雄人物的理解，我们想着重刻画她那“一片丹心向阳开”的革命热情，临危不惧、视死如归的革命精神，以及从容不迫、外柔内刚的个性特点。所以我们在音乐造型上，赋予了江姐很重的部分——抒情性的唱腔。

一开始，提到抒情我们就有点怕，怕抒不好情而受到责难。后来一想，这是不对的。我们的革命者对党、对同志、对共产主义应该最富有感情。江姐本人恰恰就是这样。我们采访江姐生前的战友，看了《红岩》小说，江姐的形象在我们头脑里是高大的，但也是普通的。所以当我们动起笔来为江姐写唱腔时，总觉得有责任赋予她一些亲切、动听、优美的音调，使人一听或唱起江姐的歌曲来，便能引起共鸣，怀念我们所尊敬的江姐，鼓舞人们前进，而不至于使江姐偶像化。

在江姐的唱腔中，也有激昂慷慨的乐段，但我们并不想把“激昂慷慨”写得那样外露。就是在敌人的法庭上，她也是从容不迫，十分镇静。因为真理是在革命者这一边，她确信胜利一定属于我们。正像江姐在第六场（审讯室），指着特务头子沈养斋唱的那段词的态度一样：“你何必虚作声势张牙舞爪，我稳如泰山不动摇。”

江姐的唱腔安排大致是这样：开始她唱的《红梅赞》代表了《江姐》的主题。所有以后的唱腔都是以《红梅赞》为基础，在速度、节奏及旋律上加以变化（我们学习了戏曲中常用的那种变头不变尾、变尾不变头、同腔不同过门的变化手法）、创新来表现江姐内心情绪和戏剧冲突。

袁丽萍：1984 年央视春节晚会上，歌曲《幸福在哪里》由殷秀梅老师演唱，红遍全国。您怎么想到创作这样一首歌颂劳动者的歌的？

姜春阳：写了《江姐》以后，很多词作者给我寄歌词。一天我收到了一首词，是湖南邵阳歌剧团的戴富荣同志写的《幸福在哪里》。那时候改革开放了，我感到国家有了翻天覆地的变化，这种变化是劳动人民创造的，所以我也一直想写一首歌颂劳动者的歌，可是我怎么都写不出来旋律。我原本写东西都是很快的，可这第一句怎么都出不来，出来一句我自己就不满意，枪毙了。因为我觉得出来的这个旋律没有幸福感。就在这时候，音乐家协会要组织驻京词曲作家到北大体验生活，为青年写歌曲。我也是其中之一。当时《幸福在哪里》的曲子还没出来，我就带着歌词去了。

有一天，中韩两国男子排球比赛，学生们在广场看电视。中国队赢了，大家欢呼雀跃，学生们拿出脸盆当锣敲，有的拿出小号吹起了国歌，还有一个同学大喊一句“振兴中华”。也许是因为我从旧社会过来的，就在这个瞬间，我就突然想到，过去外国人说我们是“东亚病夫”，我又想起旧中国参加奥运会，堂堂大中国只派了一个代表参加。现在我们赢了！在这一瞬间，就像打开了闸门一样，旋律立马就出来

1982 年，作曲家姜春阳（前右三）、作曲家瞿希贤（前右二）到北京大学体验生活。这是他们与学生们一起唱《大学生之歌》(姜春阳 提供)

了。写出来以后我寄到全国很多刊物，全都发表了。但是有一点，歌是要唱的，不是看的。1984 年春节，我和我老伴儿，还有女儿在看春晚包饺子的时候，我正去拿饺子馅儿，女儿突然说：“爸爸，唱你的歌了。”我问：“什么歌呀？”她说：“《幸福在哪里》。”我很惊讶，怎么会唱我的歌。一看是殷秀梅唱的，是那年春节晚会的第一首歌。后来，中国搞了一次全中国青年歌曲征歌投票，我这首歌得了 64 万票，和《我爱你，中国》一起得奖，我们在人民大会堂领的奖。这个歌一直唱到现在，还上过中学生的教科书。歌词是很好的：“幸福在哪里，朋友啊告诉你，它不在柳荫下，也不在温室里。”后面的主题是劳动，所以说，“（幸福）在晶莹的汗水里，在闪光的智慧里”。

袁丽萍：“我来到这个世界上，没有想去打仗，只是因为时代的需要，我们才扛起了枪……”这首《军营男子汉》充溢着军人的自豪、自信、自强，现在依然能引起广大官兵的共鸣。

姜春阳：这首歌诞生于驻大连的一个飞行师。1987 年，原空政文化部组织全空军的词曲作者到那里体验生活。参加的有 30 多个人，有

羊鸣（左）与张士燮（中）、姜春阳（右）在工作中（姜春阳 提供）

阎肃、羊鸣，还有写《十送红军》的张士燮，写《黑头发飘起来》的孟庆云，写《妈妈的生日》的韩静霆，等等。当时正赶上部队搞得失教育。我们听到有些官兵发牢骚："现在社会上总叫我们'傻大兵'，我们保家卫国怎么就傻了？"这很触动我们。有一天晚上 11 点半的时候，阎肃突然过来敲我房间门，说："我写了个歌，你看看！"我一看，好家伙，《军营男子汉》！标题很大气呀。"我来到这个世界上，不是为了打仗。只是因为时代的需要，才扛起了枪。"他就是贴合了当时的得失教育写的这个歌。我看过歌词后，就跟他说："阎肃呀，这第一段词可以，第二、三段的词是不是再改一改？"一番讨论，他说好，我这就去改。我也跟他说，今晚我就不睡觉了，就根据你第一段的词来谱曲。《军营男子汉》就是我们一宿不睡觉改出来的。天亮了，他又来敲门说："改出来了。"我一看词写得很好，特别第三段"多少领袖哪一个不是穿过军装"。

关于这首歌，还有一个故事。当时总政有位歌曲刊物的编辑听说空军有笔会，就来大连看了一圈，发现了我们这首歌。他说："姜春阳同志，你看你这歌都很好，但是歌里怎么没有'军营男子汉'这几个字呀？"他这一提醒，我就受了启发，就在副歌部分写了进去。他把这首

2010 年 7 月，著名作曲家姜春阳（左）与著名词作家阎肃同台演唱《军营男子汉》（姜春阳 提供）

歌马上电传北京，告诉北京立即发表。后来这首歌还在《人民日报》上发表了，要知道《人民日报》是很少发表歌曲的，而且《解放军歌曲》还发表了两次，很快在全军唱响了。这首歌抒发的是部队官兵鲜活的思想感情，所以受到官兵欢迎，当然这也得益于我们长期积累的生活感受。

袁丽萍：这首歌确实很受欢迎，为什么会发表两次呢？

姜春阳：因为阎肃的歌词里当时有一句“失掉不少发财的机会”，被人指出：怎么能提“发财”的事儿呢？那时候大家思想上都还没转过弯。阎肃就给改成“失掉不少致富的机会”，那就发表了。发表了之后就得到各个方面的意见：怎么不能提“发财”呢？应当改回来。于是又发表了一次。

袁丽萍：这首歌给您留下印象最深的事是什么？

姜春阳：当时有一个航空部队让我们给他写一个航空师的师歌，由张士燮来写词，我和羊鸣作曲。写了之后得唱嘛，就把他们师的文艺骨干集合在一起，我来教唱。唱完师歌后，我跟他们说：“同志们，我最近写了首歌，叫《军营男子汉》，请大家听一听，帮我提提意见。”

为什么要唱给大家听呢，因为我早就有一个想法，当时地方的通俗歌曲很多，我们部队怎么没有军旅通俗歌曲呢？好多人说部队怎么能唱通俗歌曲呢？我说我们应该紧跟时代，跟不上也不能挡道！所以《军营男子汉》的不一样就在这里。这就是我的想法，阎肃这个词正好合拍。所以我和阎肃合作从20世纪50年代一直到他去世，非常愉快、非常合拍，在我的曲子填词人里，他非常合我的感觉。

我教给部队唱之后，部队原本很严肃拘谨，我一唱完，大家哗地一下就沸腾了，上前把我团团围住。那一瞬间我现在还记得。“给我一张唱片吧！”很多音乐骨干都这么对我说，可我手上只有手稿。那个文化干事就说：“同志们，别着急，我回去马上把歌刻印了发给你们。”那个场景，我一辈子不忘。就是你作为一个音乐工作者，作品能受到战士们的认可，是莫大的鼓励。

袁丽萍：《我们的友谊》是一首优美流畅、感情真挚的歌曲，在国内影响很大，它的背后有什么故事吗？

姜春阳：20世纪90年代的时候，我们举办亚运会，中国音乐家协会和亚运会组委会搞了一次创作会，把词曲作家集合到北京昌平去，共同创作亚运会的歌。在去昌平的路上我就思考，这个亚运会该写一个什么样的歌呢？那么多项目，应该有个概括性的吧，又是在我们中国主办，我突然想到一句：友谊第一、比赛第二。友好是我们中国人一贯主张的，与世界各国和平共处嘛。特别是远方客人来了，我们更讲友谊嘛。所以在去昌平的车上，我就有了这个《我们的友谊》这首曲子。

到了集合地点，我就和词作者们说：“我现在有了曲子，你们谁有词？”说完我就现场把曲子唱给他们听。他们一听都称赞，觉得很棒。于是我就收到了很多词。有一篇词我一看，哎，就它了！他的词作者是谁呢？就是《在希望的田野上》的作者，曾经的文化部副部长陈晓光！我说：“晓光啊，你这个词我用了啊！”

后来，搞歌曲评选，他们请来了北京市所有文化馆的音乐负责人做评委，给我的这首歌专门授了个特等奖。驻中国大使馆 34 个国家的大使在北京饭店搞过一次演唱会，大使们都唱了这个歌，唱得很红火。还有一个台湾来的出版商，说要买这首歌在国外发行的版权，让这首歌传到了海外。

袁丽萍：您已经 90 多岁了，为什么还在坚持创作？

姜春阳：我是一名文艺老兵，用我的旋律歌唱时代、弘扬优良传统是职责所在。我始终有一种使命感，所以我的笔停不下来，只要身体允许，我还要坚持写下去。

袁丽萍：您如何看待现在的军旅音乐？部队有很多业余文艺创作者，您能给他们一些建议吗？

姜春阳：要为部队服务、为人民服务，这是宗旨。在创作路上要做到“少多少”。一个作者，刚开始写东西时，不知道写什么，写得很少。只要能把这个“少”突破了，就像闸门被打开，慢慢就“多”了。这个时候就要警醒自己写得还是“少”。这个“少”已不再是单纯数量的多少，而是要“精”。你已经爬到一个山顶了，但抬头看，上面还有山峰。这个山峰就是，你写了多少东西，有没有代表作，有没有能够代表时代、代表人们情感和声音的作品。

（谭卓廷对本访谈亦有贡献）

创作感言

老兵的刚与柔

袁丽萍

说起过地雷阵牺牲的那些战友，90 岁的姜春阳忽然就落泪了。

他抬手擦擦泪，说：“很久不提这些事了，但一直在心里扎着。”

在亲朋看来，姜春阳很刚强很乐观。经历战火洗礼，两次抗癌成功，这位老兵犹如一棵挺立的常青树。

今年夏天，他重病初愈，刚从医院出来，就埋头创作《党啊，听我为你唱支歌》。耄耋之年，满腔热忱，只为一首新曲献给党。

一聊创作，一说新歌，他眼睛都亮了。坐在他对面的我，能真切感受到他内心的那份热爱。

是啊，一个能如此敏感捕捉人们和时代情感乐符的人，怎能不是感情充沛饱满的人呢？

老兵至刚。老兵至柔。

2019 年 10 月

竹板飞扬唱英雄

——对话曲艺家朱光斗

朱光斗，著名曲艺家，国家一级编剧。1932年出生，山东临清人。1946年参军。曾任原沈阳军区文工团曲艺队队长、中国曲艺家协会副主席等职，中国曲艺“牡丹奖”终身成就奖获得者。他创演的主要作品有快板《学雷锋》《赞王杰》《唱苏宁》《怀念杨业功》《新时代雷锋传人郭明义》《仰天望海赞罗阳》《巧遇好八连》《说长征》《唱延安》《神枪手》等，著有《唱不尽的雷锋歌》《朱光斗快板选》等作品集6部，被原沈阳军区授予学雷锋金质荣誉章。其中，对口快板《学雷锋》被誉为“红色经典”曲目，半个多世纪来一直被人们传唱。

问：自疫情以来，您虽然宅居家中，但笔一直没封，请介绍一下您又创作了什么新作品。

朱光斗：前段时间，我是宅家防疫没下楼，但抗疫的战果暖心头。那些新时代“雷锋”白衣执甲、勇斗病魔的事迹令人感动。我琢磨，自己作为一个文艺老兵，虽然去不了抗疫斗争前线，但也应力所能及地尽一份责任。于是我就创作了一个《全民战“疫”》的快板小段。写完后我给所在干休所所长陈连望打电话征求意见。我一手拿着话机、一手敲着桌子唱道：“同志们，要听清，新冠肺炎闹得凶。这种病毒易传染，陋习不改很危险。洗手消毒戴口罩，积极防控最重要……”正在组织官兵做防控工作的陈所长听后说：“太好了，您这个段子写得非常及时，既能鼓舞大家斗志，又能普及防疫知识。”我很欣慰，马上让老伴帮助录制视频，转发给大家，受到官兵喜爱。现在我准备再创作反映军队援鄂医疗队事迹的快板作品。今年（2020 年）我已 88 岁了，写不了长段就编小段儿，打不灵竹板就敲桌面儿，就像那红烛永燃捻儿，歌唱英雄不断线儿。

问：几十年来，您两手竹板声声，一腔唱词琅琅，全身心拥抱时代，放歌英雄。当年您是怎样走上曲艺创作演唱道路的？

朱光斗：1946 年，我 14 岁。我从山东临清长途跋涉奔赴延安，在中央机关当了一名公务员。当时虽然陕北的物质生活艰苦，但精神世界红红火火、蓬勃向上，特别是大合唱、秧歌剧、墙头诗等革命文化使我如痴如醉，在心灵的“黄土地”上埋下了艺术的种子。新中国成立后，我选择当了一名部队文艺战士，先学京剧、唱单弦，后专门说快板儿。对这一行当，一些搞艺术的包括我原来的朋友不大看上眼儿，有的甚至当面敲打我说：“两块竹片子，一串‘碎嘴子’，满口跑舌头，随便溜达词，能呱嗒出啥名堂？”我不这样认为，我的体会是，它反映生活快，擅唱正气歌，轻便又灵活，群众易掌握。我说：“搞艺术就铁定它了。竹板飞扬飘红缨，我用快板唱英雄。面向连队心想兵，喜闻战士欢笑声。”这话一落地，就成了我终生的艺术追求。我在苦练基本功、说好传统段子的同时，努力编新词，唱新歌，用文艺轻骑兵的形式赞美部队的新人新事新风貌。

朱光斗在表演中（朱光斗 提供）

问：1963 年 3 月 12 日，在毛主席给雷锋题词发表后的第 7 天，您与知名曲艺演员范延东表演的对口快板《学雷锋》在原沈阳军区八一剧场首演，一炮打响。这是第一个把雷锋事迹成功搬上舞台的艺术作品，也创造了军事文艺紧跟时代步伐、快速反映生活的典型范例。后来，这个作品在电台反复播出，报纸连续登载，印制活页，灌成唱片，在全国产生极大影响。能谈一下这个节目的创作经过吗？

朱光斗：1963 年 3 月 5 日，毛主席“向雷锋同志学习”的光辉题词发表，全国迅即掀起学雷锋活动热潮。雷锋是沈阳军区工程兵部队的战士，军区文工团责无旁贷地要创作歌颂雷锋精神的节目，交给我的任务是写一段全面反映雷锋事迹的对口快板。

起初我感到这是一个手到擒来的活儿，因为我了解雷锋事迹，还见过雷锋三次。其中一次是在 1962 年 2 月，沈阳军区召开首届团代会期间，雷锋在会上所做的报告在与会代表和军区机关引起强烈反响。会议休息时，我跟雷锋打招呼 ：“雷锋同志，你好！”雷锋热情地走过来敬礼，与我握手：“老师，您好！”我说：“听了你的报告，很感人。”雷锋说：“我看过您演出的节目，非常好。”于是我俩亲切地唠起来，我还对他说，抽时间一定去他们连队生活，好好写写他。雷锋说：“欢迎您去，但不要写我，我没啥写的，您可以好好写写我们工程兵……”

2011 年，朱光斗为官兵表演快板书《学雷锋》(朱光斗 提供)

现在要大张旗鼓地宣传雷锋了，我满怀信心地投入创作。稿纸铺开了，思路却怎么也打不开，满嘴净是“呱嗒板儿”，脑子里就是蹦不出满意的字句：雷锋的事迹太多了，从哪儿下手，怎样解决“散”的问题？雷锋做的那些事情都挺平常挺普通的，上哪儿寻“包袱”找“高潮”，怎样解决“平”的问题？特别是领导和战友对我提出的“讴歌雷锋的创作虽然是急就章，但要努力搞成艺术品”的希望如何实现，怎样解决“俗”的问题？难关一个个横在面前，那真是：望着竹板直愣神儿，抓耳挠腮写不出词儿……

多年的艺术实践，我总结了一套自己的“创作辙”：“素材不凑手，生活里走一走；写作遇困难，军营里转一转。”憋在屋里“呱嗒”不出词来，我就去找官兵摆龙门阵。一位战士问我：“你见过雷锋？”我说：“是啊，见过三次哩！”“你还与雷锋握过手？”“对呀，我们还唠过嗑哩！”“太好了，你真幸运！”呼啦一下，战士们像见到英雄那样，把我紧紧围在中间激动地问我跟雷锋见面的情景。顿时我找到了灵感，打开了思路：啊，谁离雷锋近一步，谁就多一分光荣；谁与雷锋亲一分，谁就增一分自豪；雷锋是军人的骄傲，共产党人的骄傲；雷锋的伟大正是体现在平凡之中。

再伏案，我激情奔涌。我采取了两个战友争夸雷锋、互不服气，一个比一个对雷锋事迹了解多、一层比一层对雷锋精神解读深的结构。在这个框架下，精心安排了表现雷锋的苦难童年、报名参军、钻研理论、苦练投弹、艰苦奋斗、服务人民等故事细节，犹如颗颗珍珠穿金线，光彩荟萃竞灿烂。

段子一开场，甲乙两个战士就拉开较劲的架势，引人入胜：甲说他参观过雷锋纪念馆，乙说他听过雷锋做报告。进而两人在摆擂台中竞述雷锋的事迹：甲说他与雷锋握过手，乙说他和雷锋是同乡；甲说他与雷锋在一个连，乙说他和雷锋是一个班；甲说他跟雷锋住的是上下铺，乙说他与雷锋同开一台车在一个驾驶楼……两个人争说雷锋，争赞雷锋，越说越近，越说越亲，环环相扣，层层递进，相互烘托，步步登高，把雷锋平凡而伟大的事迹娓娓道来，正谓：雷锋的战友讲雷锋，每个故事都动听；真情实感话语亲，雷锋精神暖人心。说到关键处，用“贯口”一连串的“员”字对雷锋的形象做了精彩描绘：“雷锋是解放军的战斗员，本职工作驾驶员；火车上，他是列车乘务员；火车站，他是旅客服务员；到学校，他是校外辅导员；回连队，他是党的宣传员；他积极帮助炊事员，主动协助卫生员。八月十五月亮圆，雷锋想起伤病员，四块月饼圆又圆，送给医院休养员。他过去是个好团员，后来是个好党员，他是人民忠实的勤务员!”在一串串朴实明快、淋漓酣畅的唱词中，普通中见崇高、平凡中显伟大，塑造了雷锋的典型艺术形象。结尾处又用了一连串“学雷锋”的呼语：“学雷锋、学雷锋，党的号召要响应，学雷锋、学雷锋，严格要求当好兵……看祖国处处有雷锋，雷锋精神万年青!”铿锵有力，昂扬向上，把作品推向了高潮。

朱光斗（左二）和《雷锋的故事》作者陈广生（左四）与雷锋班战士交谈（尤立峰 摄）

问：1990 年全军文艺会演，您又与朱宝昌合作创作了对口快板《接“雷锋”》，被称作《学雷锋》的续篇，同样是写雷锋的，这个作品有什么特点?

朱光斗：为参加全军文艺会演，原沈阳军区准备了一台“踏着雷锋足迹走”的晚会。作为其中的一个快板节目，如何独辟蹊径，在艺术上创新，我与来自基层部队的作者朱宝昌发挥各自优势，密切合作，在创作上颇下了一番功夫。

这个作品，我们采取拟人化的手法，开场就设置包袱，给观众留下悬念。甲说：“前些天领导派我去沈阳，要求三天之内回营房。交给我一项任务很光荣，让我到沈阳接‘雷锋。’”啊，什么?接雷锋?乙说：“你个子白长这么大，睁着两眼说梦话，雷锋牺牲了多少年，难道说他的生命又复原?”然后慢慢“抖包袱”，层层“解扣子”：原来是部队建了一个雷锋事迹陈列馆，需要摆放一尊雷锋半身塑像，让“我”到沈阳去购买，结果转遍了各大文化用品商店，也没有合适的，就在“我”失望时，售货员热情地介绍“我”到鲁迅美术学院订做。“鲁美”的雕塑家听说要为雷锋塑像，全力以赴，不计报酬，加班加点地创作。在接雷锋塑像回营区过程中，又出现了一个个感人的场景：“司机帮我抬塑像，恭敬地让‘雷锋’坐车上。他有意把车速来放慢，也不颠来也不颤，到了长途客运站，我请司机把账算，司机笑着对我谈，拉‘雷锋’我可不收钱！”“我抱塑像上大客，旅客们都给‘雷锋’来让座，售票员走过来，让‘雷锋’坐在头一排。接‘雷锋’，遇‘雷锋’，雷锋就在群众中……”

作品在一波三折的情节和深情优美的唱词中，深刻表现了广大军民敬仰雷锋、学习雷锋，雷锋精神与时代同行的主题意蕴。这个节目经演员郭其富、李智敏表演后，在全军获奖，并被拍成电影艺术片。

问：“南京路上好八连”是军队涌现的一个英雄群体。您创作的对口快板《巧遇好八连》也在军内外引起很大反响。这个作品是怎样产生的？

朱光斗：人民军队英雄多，文艺战士乐呵呵。当年创作演出《学雷锋》后，我打算再为“南京路上好八连”写个响段儿。《学雷锋》集中表现的是雷锋一个人物，而要在一个快板段子里展现好八连这个先进集体，写作难度更大。我还是信奉那套“创作辙”：“唱响主旋律，必须接地气。创作要搞好，灵感生活找。”正好军区文工团的舞剧《蝶恋花》去南方巡回演出，我积极要求参加。每到一地，晚上我在舞台打灯光，白天到连队去采访。在青岛，我跟着一个连队打了七天坑道；在杭州，我到某守备连参加了一个星期的教育训练；到了上海，我干脆挤进时任“南京路上好八连”指导员刘仁福的宿舍，一住就是半拉月，与连队官兵同学习、同训练、同工作，有时还给战士打饭、洗衣服。官兵们把我看作是连里人，什么知心话都对我讲。就是在这种与干部战士的朝夕相处中，我了解了大量“南京路上好八连”的故事，既探究了他们金子般的心灵，也找到了艺术瑰宝。因此，创作的对口快板《巧遇好八连》很快在全国流传开来，被中国曲艺家协会列为经典作品。

这个节目，我以真实故事为素材，设计了一个以点带面、点点相连、面面生辉的结构：一名工人刚领完工资要回家去看望生病的父亲，在黄浦江乘船买票时，突然发现钱包丢了。就在他急得满头大汗的时候，捡到钱包的一名解放军战士给他送了回来，物归原主，使他非常感动。这位工人拿出钱来答谢战士，战士是一张婉拒的笑脸，他又问战士单位和姓名，战士是一个远去的背影。见证这一事情经过的市民们说，甭问啦，这肯定是“南京路上好八连”的兵。于是这名工人待回家办完事，提着10个大鸡蛋来到“南京路上好八连”，一定要找到这位战士表达一下心意。在寻访的过程中，他看到的和听到的，都是好八连保持艰苦奋斗光荣传统，身居闹市、一尘不染的事迹。作品在“巧”字上做文章，“巧”中见“奇”，“奇”中显“真”，散点聚焦，以富有情趣的细节、幽默轻松的语言，从不同侧面展示了好八连的精神风采，塑造了官兵的英模群像。

朱光斗为官兵演出（朱光斗 提供）

1964年5月，第三届全军文艺会演在北京举行，沈阳军区文工团曲艺队7个演员演出了一台“颂雷锋、赞好八连”的曲艺晚会，引起轰动。我参与创作表演的5个作品全部获奖。新华社记者采写了长篇通讯《红色曲艺战士朱光斗》在全国报刊发表。同年冬天，我光荣地出席了全国青年文艺创作积极分子代表大会。

问：当时在部队文艺界曾流传着一句顺口溜："朱光斗，朱光斗，全军曲艺一把手。"这说明，您的创作表演发挥了示范引领作用，这是与您体察生活直奔部队前沿、反映生活深入官兵内心分不开的。您曾参加了部队抢险救灾等多次大的非战争军事行动，请说说这方面的情况。

朱光斗：每当大灾来袭，人民的生命财产受到威胁时，我军总是闻令而动，冲锋在前，召之即来，来之能战，战之必胜，彰显了人民子弟兵的根本宗旨和英雄本色。这也是军事文艺创作大显身手、发挥特殊作用的时候。

1975 年海城地震，我冒着余震，跟着救灾部队就上了一线，写出了《海城会亲人》；1976 年唐山大地震，我领一个文艺小组奔向震区，边救灾边创作，写出了《重返唐山》；1985 年盘锦抗洪，我带一个文艺小分队到救灾前沿，在为军民慰问演出的同时进行战地采访，写出了《盘锦抗洪英雄赞》。

1998 年部队参加抗洪救灾时，我已 66 岁，不顾家人和同志们劝阻，我拎起竹板就登上了北去的列车。在哈尔滨松花江畔的大堤上，我现编现唱，为抗洪的官兵和人民群众鼓劲加油。我这样唱道："打竹板，响叮当，对面就是松花江。松花江，松花江，就像野马脱了缰。部队官兵斗志强，挑着担子抬着筐。哪里危险哪里闯，再大困难敢承担……"指战员们看到我这个满头白发的老兵与他们一起战斗，进行现场鼓动，斗志更加昂扬，他们挑着石料、扛着沙袋子在泥水里拼命地奔跑……那个场面我终生不忘。

从抗洪前线回来，我又创作了群口快板《九八抗洪群英赞》，准备参加军区"抗洪凯歌"演出。由于连日紧张劳累，在剧场排练时，我突然鼻子出血，晕倒在地。大家赶紧把我送进了医院。文工团的领导看到我严重的病情，压力很大：把老艺术家累成这样，如有个好歹，怎么跟军区首长和家属交代？在病床上我清醒了，宽慰大家说："没事儿，打打针，输输氧，明天还上排练场。"在医院我一边打针，一边改词，身体还没好利索，就提前出院，参加了军区的文艺演出，后又进京参加全军抗洪文艺晚会，受到了原总政治部的表彰。

问：您是把舞台作阵地，将竹板当武器，坚定着信仰，守望着责任，传承红色基因，弘扬英雄文化。2017 年，您以 85 岁高龄登上央视“春晚”，以一段优美动听的快板唱词致敬英雄。

朱光斗：大家知道，中央电视台春节联欢晚会的影响是很大的，多年以来，推出了大量相声、小品等优秀节目，推动和促进了这些艺术行当的发展。而作为曲艺家族重要成员的快板，却在这个舞台上鲜能露面。全国从事快板艺术的作者和演员们都有一个愿望，能让竹板在央视“春晚”上痛痛快快地响一把，我也希望能站在这个舞台上高唱一次英雄歌。

2017 年春节，受中央电视台邀请，在部队曲艺家张振彬的鼎力支持下，我在“春晚”上演唱了快板《继往开来军旗红》。当时我就站在那些令我敬仰的战斗英雄代表的身边，他们之中有年过百岁的老红军、老八路。虽然我说的是一个小段，但能当面向他们表达一个文艺老兵的心声，并和全国观众一道向英雄致敬，我非常激动，也实现了我一个夙愿。

作为部队文艺工作者，争取上大晚会、得大奖，创优夺标，无可厚非，但要时刻牢记我们的主责主业是为兵创作、为兵演出、为兵服务。军营是我们最宽广的舞台，官兵的口碑是我们荣誉最高的奖杯。

问：我多次听到部队官兵这样称赞您：“快板不离手，英雄不离口，绿色军营遍地走，到哪里都是受欢迎的好战友。”再跟我们唠唠下部队演出服务那些事吧。

朱光斗：一位年轻演员看到我经常使用的那副竹板，不解地问：“朱老师，我跑了多少商店，买的那呱嗒板都白呲咧的，你的呱嗒板为什么是紫红的，油光闪亮？”我说：“我可没有特意为它化过妆，等时间长了你就会明白的。”

日日月月，年年岁岁，这副竹板伴随我行走了大江南北、座座军营。20 世纪 60 年代初，台海局势紧张，我带一个曲艺小分队奔赴福建前线，走遍了前沿岛屿，在坑道里为战士们演出一个多月时间；1965 年，我率 16 名演员编入我军工程兵某团南下，为筑路官兵演出，在那里一干就是近 10 个月；1978 年，我在黑龙江省呼玛县吴八老岛上与边防部队官兵一起过春节；1980 年，我在西沙群岛的永兴岛为海防官兵演出，迎来了新年；在呼伦贝尔大草原，我们一个文艺队为 3 名战士举行专场文艺晚会；在外长山列岛广鹿岛的老铁山哨所，我们 10 名演员为 1 名值勤哨兵连演一个小时节目……

一次在辽南某团演出，全团官兵集合在俱乐部翘首以待要看我的拿手节目《学雷锋》。可我上台刚扬起竹板，灯光突然灭了，音响也没了——停电了！场内一片惋惜抱怨声。这时我赶紧“救场”，用曲艺行话“现挂”来稳定官兵的情绪。我大声唱道：“没有灯，停了电，大家光听不用看，停了电，没了灯，我照样给大家唱雷锋，只要心中有雷锋，如同点亮一盏灯！”官兵们异常惊喜，立刻安静下来。这在我的演艺生涯中可称得上一次空前绝后的演出：我在台上摸着黑唱，官兵们在台下摸着黑听，直到把一个完整的段子唱完，全场干部战士起立为我鼓掌……

问：您的演出总是别开生面。听说您一个人还搞过“说唱雷锋专场”，能否描绘一下当时的场景？

朱光斗：唱英雄，学英雄，更感自己责任重。有一次我坐火车，对面一位小伙子认出了我，便问：“雷锋那些事迹是真的吗？是不是你们编的？”还有一次我上街，一位小青年走到我身边，斜斜眼耸耸肩，甩给我一句“快板”：“学雷锋，学雷锋，有钱往我兜里扔！”

由此我思考了一个问题：时下一些青年人对我们的英雄还缺乏了解，我们的创作演出应该适应时代发展和当今观众的特点，运用灵活多样的艺术形式，让英雄精神更好地传播开来。为此，我探索把讲台与舞台融为一体，将“说”和“唱”结合起来。为了便于一个人表演，我把创作的反映英雄事迹的快板作品，由“对口”“群口”改为“单口”，既有长段，又有小段，可以因地制宜、因时制宜地演出。

有一次，我应邀到辽西一所乡村中学，本来是做一场学雷锋辅导报告的，周围的老百姓听说沈阳军区文工团来了一个所谓的“大腕”，呼啦啦一万多人挤满了操场，要看演出。我一亮相，大家见是个脑门光秃秃的老头儿，不免有些失望，加上天刮大风，场内闹哄哄的。我一看这架势，决定变换形式。我也曾说过相声、讲过评书，那么今天就来场“说唱雷锋精神”。我把竹板一舞，先打了一串“花板”，场内马上安静下来，接着我唱了个学雷锋的小段，然后讲雷锋故事，接着唱个大段，再讲故事，就这样唱一段，说一段，边讲边唱，边唱边讲，一个人干了两个多钟头，观众久久不愿离去……

我被这热烈的场景所感动，眼里噙满泪花。散场后，我收拾东西时，发现那竹板也是潮湿的，我心里默默地说：老伙计，你的身上也流汗了！士兵爱枪，我爱竹板，多少年，它伴我下海岛、走边关、上哨所、进坑道，我身上的汗、手上的油把它浸润了一次又一次，泡透了一遍又一遍，于是它也变得与我的脸膛一个颜色，这也是军队文艺战士本色的印迹吧！

问：2000 年您光荣离休了。您是怎样安排退休以后生活的？

朱光斗：脱下穿了 54 年的军装，从工作岗位上退下来，这是我人生的一次重要转折。一些老战友怕我失落，纷纷来安慰我。我说：“咳！职务有没有，都是朱光斗，踏着英雄路，永远朝前走。”

有的人想借助我的影响，拉我去“走走穴”“压压场”，并说有多少“出场费”。我望着我的竹板说：“老伙计哎，咱可绝不能打这花花点儿。”我依旧是揣起竹板赶汽车、挤火车，路近的干脆骑辆自行车，经常往部队跑，为业余作者改作品，帮演出队写节目，同时收集创作素材。无论给业余文艺创作骨干改多少作品，有的甚至重写，我从不署名。为部队讲课、搞辅导，也不取报酬，图的就是个精神愉快。

由于常年在军营里跑，文工团的同志在创作和演出中遇到涉及部队的一些问题经常来找我，我基本能说出个一二三，比如原沈阳军区哪支部队的代号是多少，驻地在哪里，哪一年组建的，过去打过什么硬仗，现在有什么典型，部队有什么特点，等等。我的回答绝不会“走板”。一些文工团员说我是部队的“活地图”“活档案”。那倒算不上，要说“活”，我确实了解到活生生的人物，掌握了鲜活的素材。离休后，我又创作了《独臂英雄丁晓兵》《党员干部楷模杨善洲》《颂扬医学大师吴孟超》《赞党的女儿冯理达》《士兵楷模郃忠利》《人民路上赞二连》《解放军挂像英雄赞》等40多件快板作品和20多篇曲艺理论评论文章，出版了《时代先锋——新时期先进典型快板集》等书。2018年4月，原沈阳军区文工团的一些战友又自发地为我组织了一次艺术研讨活动，请我讲几句话，我说：“我是文艺一老兵，半个多世纪唱英雄。只要还有一口气，就要继续唱下去……”

问：现在文艺轻骑队下部队演出时，像相声、快板等曲艺节目依然非常受战士欢迎。您对部队年轻的曲艺创作演出者，尤其是业余文艺骨干，有什么建议？

朱光斗：曲艺作品一般是短小精悍，具有反映现实生活敏捷迅速的特点，素有“快反尖兵”之称。快捷，就是对生活有敏锐洞察力、机智反应力、精准表现力，这需要创作者夯实理论功底和增强艺术修养，深入部队前沿阵地，把握生活时代脉搏。短小，要小中见大，立意高远，作品要有深邃的思想意蕴，直面生活但不能主题直白，切忌口号化、庸俗化。精悍，要构思精巧，结构新颖，内容精彩，形式多样。说唱艺术，特别要在语言上下功夫，要多与战士对对话，多听听战车的轰鸣，使其有兵神兵韵、兵情兵味。艺术贵在出新。改革强军的伟大实践，为军旅曲艺的创新发展提供了广阔天地。文艺轻骑兵更要聚焦演兵场，让快板叩响钢枪的心音，将唱词溢满硝烟的芳香。要始终牢记，我们的主责主业是为兵创作、为兵演出、为兵服务。正所谓：

曲新艺精赞强军，旋律高亢励兵心。红色文化永传扬，逐梦路上花似锦。

（本访谈由焦凡洪、袁丽萍共同完成。焦凡洪，作家，原沈阳军区政治部文艺创作室主任、白山出版社社长。）

创作感言

耿耿兵心

焦凡洪　袁丽萍

采访朱老的这些天，我们的面前一直耀动着一个“亮”字：他脑门锃亮、嗓音洪亮，手中的竹板油亮，身后更是一道闪亮的足迹……

彩虹总在风雨后。

当初，有的人对于他打的那竹板不屑一顾。然而，他坚定地迈着自己的“台步”，让板点和着时代的鼓点，词韵连着官兵的情感，一腔热血咏赞英雄精神。因为他的心头飞扬着一束红缨，笔管流淌着一种向往。他说：“心赤板正感情真，创演为兵为人民。不争官高待遇厚，只求精神启后人。”

所以，半个多世纪以来，随着那一段段经典旋律，舞台上延伸出一条属于英雄的璀璨星河。亮丽的艺术风景升腾在军营的沃土，而托起它的是耿耿兵心……

2020 年 6 月

做人民的好演员

——对话电影艺术家王晓棠

王晓棠，江苏南京人，国家一级演员，著名电影艺术家，中国电影金鸡奖终身成就奖获得者。1934 年 1 月出生于河南省开封市，1952 年 9 月参军，加入总政文工团京剧团。她曾饰演过《边寨烽火》中的玛诺、《英雄虎胆》中的阿兰、《海鹰》里的玉芬、《野火春风斗古城》中的金环和银环等，塑造了众多深入人心的经典银幕形象，深受观众喜爱。在担任八一电影制片厂领导职务期间，曾主持《大决战》《大转折》《大进军》等一系列重大题材电影摄制。

袁丽萍：您的从军之路是怎样开始的？

王晓棠：从5岁到14岁，我在重庆待了9年。我的小学、中学都在重庆念的。那时正在抗战，我的初中老师是刘家澍，他是周恩来领导的地下党员。在那时，刘家澍先生就说王晓棠这个孩子很有才。1948年3月，我们家举家迁回南京，随后转往杭州的时候，他就说："你中学毕业之后一定要到上海，考上海市立戏剧专科学校。剧专的院长熊佛西是我的朋友，届时你去找他。"

1948年3月，我从杭州中学毕业后，我就听我老师刘家澍先生的话去了上海，准备要考上海市立戏剧专科学校，就是现在的上海戏剧学院，结果学校连续两年都不招生。后来，我母亲的一个朋友说，"找黄宗英！"找到黄宗英时，我才18岁。但是上海市文化局局长说："今年上海市立戏剧专科学校还是不招生。"我挺失望地说："行。"我当时留了我妈妈一位朋友的电话号码，因为我家当时在杭州，他们在上海。过了一天，黄宗英放不下我，专门打了个电话，说："你让王晓棠再来一趟，叫她一个人来。"我一个人去了之后，黄宗英问了我很多情况，她说了一句话："不一定非要考上海市立戏剧专科学校吧，参军你敢吗？"当时的我毫无思想准备，就说："敢。"她笑了，说："我大哥黄宗江在军队工作，他过几天从北京要到上海来，要招一批演员。我把你介绍给他，好不好？"我说："好。"

我出来之后就想：我这不是就违背刘家澍老师的意思了，我怎么忽然就说我敢参军了。后来，我想：刘家澍老师是让我走一条进步的路，当兵参军当然是很进步了。可是我不敢告诉我家里，因为当时解放军正在进行抗美援朝作战，前线牺牲的人员很多。父母希望我在华东发展。于是，我没和家里人说。

黄宗江到上海之后忙得不得了，黄宗英就给他打了一个电话，说：“大哥，到家来一趟吧。”黄宗江说：“我现在忙得不得了，我根本没可能回来。”她说：“那你总得回来。”黄宗江说：“有什么事吗？”她说：“没什么事，就有一个女孩，是一个中学生，想请你来看看。”黄宗江说：“不看。陈沂部长说了，要招收‘名角’，大学生都不考虑，怎么会考虑中学生。”黄宗英说：“再说吧，你反正要回来嘛。”黄宗江是忙得一脑门子的官司，坚决不要。

过了几天，黄宗英和我打电话说：“你来家一下，咱们吃饭，那你早点来。”我去了发现房间里只有她一个人，我们两个吃完饭，她说：“你等他一会儿，我大哥特别忙。”我就坐在一个长沙发上。一会儿从里屋走出一个中年人，左胳膊夹了一个席子，他出门时抬头看了我一眼。我一看，心想：这不是赵丹吗？那么大的演员。我吃一惊，他也吃一惊，结果他不走了。黄宗英急了，说：“阿丹，你要迟到了，快走！”赵丹不走，黄宗英接着说：“这姑娘是咱大哥要招的，跟你没关系。”赵丹就不走，把席子放下后坐下来。黄宗英太了解她丈夫了，一看没办法了。赵丹问我：“你是哪儿人，是干什么的？”然后我们两个就聊起来了，他一听就说：“你父亲、母亲特别喜欢京剧是吧？”我说：“对，他们特别喜欢京剧，我在上完小学之后，就跟重庆很有名的一个女京剧演员学过京剧。”

赵丹说：“总政治部要成立一个京剧团，你一定要去。”我说：“我还是想考剧专。”结果赵丹劝我说：“不要考。”他就在那儿劝我半天，黄宗英急得不得了，说：“你要迟到了。”赵丹就是不走，终于把黄宗江等来了。

当时，黄宗江就抱着一个念头：我绝对不要这中学生，回来就看一看。结果赵丹不走，就为了等黄宗江来。我坐在沙发上。黄宗英把黄宗江拦下来了，说："这孩子你一定要收啊！"黄宗江连看我都没看，他知道沙发上有个人坐在那。他说："不行，文化部陈沂部长说，只招'名角'，不能收。"他们俩来回就这一句话，最后也没什么新词了。赵丹当时说了一句话："她现在不是'名角'，她将来会超过很多'名角'。"对于这话，我记得特别清楚。

黄宗江一听都说成这样了，那就没什么可说的了。赵丹就冲着我说："你可一定要去啊！"赵丹走了之后，黄宗江才顾得上看看我长什么样，坐下来说说话。聊了一会儿之后，他说："这样吧，我是负责来招收越剧团的，还有一个小组是负责招收总政文工团京剧团的。这次来就招收这两个，而且是要'名角'。我给你写一封短信，你找京剧组。"我说："好。"

第二天我就按照黄宗江说的去了。那里是一栋很好的房子，但是屋里干巴巴的只有一张小床。后来京剧组的人来了之后，倒杯水都搁在地上，什么都没有。当时候场的就我和另一个女孩。我们俩同时说了一句话："你怎么来了？"

当时在杭州，妇联为了1950年安徽大水赈灾义演京剧，我演的京剧和当时的浙江第七兵团合作过，那个女孩就是第七兵团最好的女武生。她跟我同台演出过。当时京剧团刚成立，陈沂就很喜欢这个女武生。我们俩就等京剧组的人来了。本来黄宗江的意思是要他们考一考。这位女武生说："你们还考什么，几十出戏，我们都一块儿演出过了。"

因为这是一个很额外的事，不在他们计划之内，他们就给陈沂部长打电话，说："还有一个女孩的事是额外的，不是部长你指示的。"陈沂部长说："算了，你们现在说的长途电话费，已经超过你们回北京的火车费了，你们回来说。"

回去汇报时，陈沂部长问："这个女孩好吗？"京剧团的人说："赵丹、黄宗英、黄宗江这三位大家都推荐这个孩子。"陈部长就说："如果她真是个人才，革命大熔炉嘛，我们可以培养她成才，收。"

一般特招都是招有本事的人。我是唯一什么都不会的人，一个中学生被招了进来。正式通知是我母亲的朋友告诉我的，“陈沂部长同意收”。我这才敢给我们家写封信。上海到杭州很近，我爸一看就急了，我妈连夜就赶到上海了：“你怎么能走？朝鲜正在打仗呢。”我是非要走，最后她就找到黄宗英说：“你不要让我的女儿去，我们在重庆每天都挨日本飞机炸，这次是美国飞机。”我说：“不行。”我妈妈没办法。晚上我上了开往北京的火车。我妈一直在火车站月台上，跟着黄宗江，说：“你别让她走了，让她在华东。”黄宗江没办法，说：“伯母，您把她交给这‘中国人民解放军’七个字，错不了。”

1952 年 9 月，我参军到中国人民解放军原总政文工团京剧团。这一踏上北去的列车，到现在过去快 70 年了。

袁丽萍：机遇让您的人生与“中国人民解放军”这七个字走在了一起，京剧团的生活是怎样的？

王晓棠：在京剧团的时候我很努力，认为自己会一直走京剧这条路。在京剧团的时候，周围的人对我很好。京剧团的名角特点是特别用功，会的戏也特别多，缺点是没有多少文化。1952 年，全军扫盲。在京剧团扫盲的重点是这些老艺人。在京剧团文化课考试中，我拿了第一名。由于我文化素养相对较高，我负责兼职文化教员工作。当时全团有 4 个兼职文化教员工作的同志，其中属于新来的并且是学生入伍的，只有我一个人。有一位特别严厉的老先生叫樊富顺，他是我负责的“扫盲班”的学生。樊富顺老先生不认识字，名字都写不好。所有的初小班和高小班，都是我们几个文教兼职的。由于我在教育过程中态度特别好，所以大部分学员都愿意找我。

自己在那时是很辛苦的。因为京剧团每天早上规定 6 点练功，我通常 5 点钟就起来了。可是学员写了作文等作业，我要改到晚上两点，这样只睡三个小时。当时我才 18 岁，对待这些事情就特别认真，所以他们都取得了很大的进步。最后学员们集体为我请功，因此我参军半年立了三等功。当时的自己不知道三等功在和平环境中是很难立的。陈沂部长在知道后评价这孩子还真不错。

袁丽萍：在京剧团有哪些让您印象深刻的演出经历？

王晓棠：1952 年底，我接到命令随部队准备开赴朝鲜。我根本不敢给家人写信，我怕家里人害怕。那年的冬天，我们是在朝鲜边上度过的，等待过江的命令。在那个时间我遇见了空军赵宝桐、张积慧等飞行英雄，他们还给我们做报告。因为有文化，我在乘船时特别地受重视，当时我还担任我们队伍的俱乐部主任。

回来领取完军装之后，我随团到西北参加演出。1953 年的 8 个月时间里，从安东（即丹东）回来后，我去了大西北很多荒凉的地方。只要有战士的地方，我们就会去演出。即使在冬天，即使演出的地方都是露天的广场。后台就临时搭一个舞台，舞台后面有一个火炉，油彩冻得化不开，得拿到火炉旁来烤。李淑贤是团长从话剧团借调来的同志，在给战士们演出时李淑贤说："战士们怎么知道这折子戏呢？需要一个报幕员，把所有的戏很简练地介绍给大家。"有人提议说："那就王晓棠。""好，她最合适。"因为这报幕词不用他们编，我作为文化教员，我编得肯定很好。

在大西北演出时，我们面对的是彭德怀所带领的战士们。若干年后，彭德怀曾说："我们都知道，我们上百里背着背包到广场去看，背包卸下来就是座位，结果出来一个报幕的，从来没见过。"我当时穿的是苏式的套头军装，扎皮带、黑靴子、蓝裙子的衣裳，还挺漂亮的。

那些报幕词都是我自己编的："中国人民解放军总政文工团京剧团慰问演出，现在开始！"报幕结束之后，台下的战士们爆发出如雷般的掌声。旁边候场的有一位叫班世超的武旦，说"王晓棠报得太棒了，我都提了气了"。节目全部演完了，我又出去，说："慰问演出到此结束，祝同志们晚安！""还有晚安啊……"战友们一传十，十传百，都渐渐知道有个"报幕的"。

我们一直在荒凉的戈壁上演出。最后到了西安，那儿可以在室内演一个礼拜。观看的人员中，有很多从朝鲜战场上回来的伤病员。战士们很早就知道有一个“报幕的”。这个事情传遍了大西北。第一天演出，都是从战场上回来的战斗英雄们来看，护士把他们推到一排。他们看完之后回到病房，第二天说“再推我去”。护士说：“你都看过了，该别人看了。”病号说:“我就看一下‘报幕的’，看完‘报幕的’我就回来。”

这个医院里的伤病员全都去看。他们躺在病床上，3 个人或 4 个人住一个房间，学着报幕，“中国人民解放军总政文工团京剧团慰问演出，现在开始”，其中还有自己在鼓掌的。

演出了 8 个月，从冬天一直演到第二年的秋天，我们才回北京。总团已经听说我们演得比较成功，于是要求我们进行汇报演出，把我们中最好的节目演一台。观众包括陈沂部长、解放军总政文工团团长以及话剧团的演员们，大家都来看。我还是一名报幕员，这次汇报演出完了之后，陈沂跟解放军总政文工团团长说：“孩子在京剧团太可惜了，给她调到话剧团。”

1954 年 3 月，我调入解放军总政文工团话剧团。20 世纪 50 年代，话剧团特别火。当时我不知道为什么，也没人告诉我为什么要调我到话剧团。就是一天演出之后，文工团的事务长就通知我：“晓棠，你算一算你的‘伙食尾子’，明天你到话剧团报到。”到话剧团一看，自己心里不高兴。话剧团早上不练功是怎么回事？早上集合跑步，跑完几圈就完了。我得练功，我一直坚持话剧团练功一直练到“文革”，练到不能练了为止。为什么？练功，不仅仅练的是腰和腿，更训练人的毅力。我 18 岁参军，按说还算小，可是在京剧团里就算比较大的了。他们练幼功，也就是在 11 岁时开始训练。“一天不练自己知道，两天不练师父知道，三天不练观众知道。”所以绝对不能不练，所以我一直特别用功。话剧团的很多人就把我当成一个笑话，说，你们看王晓棠为什么要这么苦。所以我在话剧团就是这么一个状态。

袁丽萍：听说，您调入话剧团后，有一封“告状信”让您在全团出了名。

王晓棠：记得当时我们在排一部大戏，当时叫《冲破黎明前的黑暗》，是当时很有名的一出戏。有一天，中午大家在一块儿吃饭。我在那边跑群众化妆工作，忽然间听到：“戏里面只有一个女主角，是一个农村妇女，叫凤霞。现在要排一个B制的凤霞，以防万一!”这样万一演员生病了出了急事了，有人替代。团里要大家报名，有一个女演员报名了一个B制，还有一个年纪大一点的报了个C制，我自己报了一个D制。其他一些女演员就说王晓棠不自量力，我们都不报就她报，哪轮到她？我不这么认为，因为我想她们不练功，没出息，不努力。B制的演员排了半天，上午演了一场。C制的对了一次词，这个D制的我一直没人理。我多次提意见仍没人理我。我是学过京剧的，京剧有个特点，它的台词、动作是程式化、固定的，你只要每天在旁边看，很多东西别人不肯教你，我都会学会的。所以我觉得我如果演的话，在很多地方还会有我的策略。但是提了好几次没人理我。我就写了一封信，给文工团总团的政委丁里。他也是《冲破黎明前的黑暗》的导演。我在信里说：“丁里政委，我要求排练。可是我提出了4次要求，我们队长作为这部戏的副导演就是不同意……”

一个礼拜天，我拿这封信到丁里的门上。我说：“我给丁政委送封信。”门卫问道：“你是哪里来的呢？”“我是话剧团的，这上面有我的名字。”门卫说：“好好，我交给丁政委。”丁政委看完信，把郭队长叫去了，说：“郭军，你看看这封信吧。”郭军一看，“丁政委，你看给什么处分？”他说：“给什么处分，你找她谈一谈，没准还真是有点才气呢。”

郭军回来找我谈话，谈话地点就在我们的女生宿舍。我们在外屋谈，那些人都跑到里屋。我自己平常不大说话，这次说了1个多小时，把里屋的人都吓坏了，“这家伙真敢讲”。

谈话结束之后，分队里的生活会已经给我准备好了。“今天我们开一个生活会，大家帮助一下王晓棠。你知道你越了几级吗？你越了五级，知道吗？首先，你可以写信，但你首先要给你的组长看，你一下你就送到总团，一共五级，都跟你少算的。”说了半天，最后气得分队长说，“觉悟太低。下去，好好想想。”就这样散会了。

因为这件事，我出名了，本来谁也不知道“王晓棠”这个名字。第二天就知道全团就这“小家伙”把他们队长给告了。那时候我是20 岁。

袁丽萍：其实说到底，还是因为您对业务有特别高的追求。所以，您在电影《神秘的旅伴》中担任女主角，第一次登上银幕，便给观众留下了非常深刻的印象。

王晓棠：我于 1955 年借调到长春电影制片厂，拍摄了我的第一部故事影片《神秘的旅伴》。

1955 年，在电影《神秘的旅伴》中，王晓棠饰演彝族姑娘“小黎英”（王晓棠 提供）

1955 年元旦放假，下大雪，院子里面没有人。大伙儿都穿着棉大衣在屋里烤火或者睡懒觉，我一个人穿一身单薄的红练功服，在压腿。突然，有两个穿着蓝毛兰布面料衣服的人从门外走了过来。“王晓棠，你来一下。”队里的助理叫我。我把棉袄披上，进去看见那两个穿着毛兰布的人坐在一边，也不跟我说话。我感觉很尴尬，也不知道叫我来是因为什么。当时桌上放着一张报纸，于是我扯了一张报纸，假装在看。一队的队长说："好了，你走吧。"我就出来继续练功了。

后来才知道，这两个穿着毛兰布的人，都是长春电影制片厂的导演。他们要拍一个片子，要选女主角，选了很多都不满意。听说总政文工团有一个报幕的比较棒，就到京剧团去找我。知道我已经调到了话剧团，他们又找到了话剧团。这个事情报告到丁里政委那边，他很爽快地同意了。

1956 年，在贵州遵义长征大队桂花生产队与群众离别时留影。右一为王晓棠（王晓棠 提供）

两天后的中午，我去吃饭，坐在我对面的是一队的一名同志。当时他知道我这件事了，就笑着对我说："晓棠，你这回不用再折腾了。"我疑惑道："我怎么折腾？""你知道前几天来的那两个人是什么人吗？那是长春电影制片厂的导演，他们要拍一部片子，找女演员找了很久了，现在定了你了。你可以的，你去吧。"我一下子就把头低了下来，眼泪滴滴答答地落在饭桌上。在话剧团，从来没人跟我说过这么温暖的话，这是第一个。后来这个人是我的分队长，他就是饰演过电影《回民支队》马本斋的里坡。我到了长春电影制片厂。在话剧团的女演员当中，还有说怪话的："去试试镜头，不行再卷铺盖回来。"我心想，回来是要回来的，绝对不能卷铺盖。

《神秘的旅伴》讲述的是发生在云南边境的反特故事。最初的电影名字叫《两个巡逻兵》，由长春电影制片厂拍完后送审，电影局领导建议片名改成《神秘的旅伴》。这部电影在1956年春节上映后，里面有首歌，叫《缅桂花开十里香》，大家都知道了那个演小黎英的姑娘叫王晓棠。就这样，21岁那年，我开始走上银幕。

袁丽萍：电影《边寨烽火》获得国际电影节大奖，在拍摄这部电影的过程中有着怎样的故事？

王晓棠：《边寨烽火》是长春电影制片厂的第一部彩色故事片。1957年，《边寨烽火》已经拍到快一半的时候，导演林农决定换成我饰演女主角玛诺。我一到位，导演便临时决定拍摄一组正式的特写镜头，主题是思念多隆，内容是丈夫多隆因为被坏人挑唆，跑到界河对岸国民党那边，玛诺深夜在大树下思念他。我一秒钟入戏，俯身采了一朵花，举到眼前，泪水顿时顺颊流下。导演看得忘记喊“停”，我便一直延伸情绪。

1957年在电影《边寨烽火》中饰演女主角玛诺（王晓棠 提供）

1958年，这部电影拿到第11届卡罗维·发利国际电影节参赛，我获得了“青年演员奖”。

袁丽萍：电影《英雄虎胆》中的阿兰是您饰演的唯一反派角色，您也曾说过，您创造了一个特例。这是一个怎样的特例呢？

王晓棠：1958年在电影《英雄虎胆》中，我饰演女特务“阿兰”。我将要调到八一厂的前夕，原总政话剧团的一位女队长对我说：“听说你一到八一厂，就要演《英雄虎胆》里面的女特务阿兰，你一定不要演。你之前演的小黎英、玛诺都是非常善良的姑娘，不要演反面角色吧。”但我看了剧本后，觉得阿兰不是一个完全的反面人物，她是一个“被侮辱、被损害的形象”。我给“阿兰”的定位是“阿兰不脸谱化，她有自己的灵魂和追求。她事实上掩护和帮助了曾泰，使得我方清除内奸，取得胜利”。因此，我饰演的女特务阿兰，让人既恨又怜，她的特务身份让人痛恨，当她把机密泄露给了我方时，又让人同情。特别是，剧中要求“阿兰”要跳“伦巴”。原本对“伦巴”一无所知、白天还要拍摄的我，用了3个晚上就学会了“伦巴”。我认为演员应该能演各类角色，做到一人千面。

电影上映后，我熟悉的战友和观众，当看到阿兰最后被一枪打死时，惋惜地说：“她也‘牺牲’了。”对一个反面人物表现出惋惜，这在当时有着一定争议。但我认为这才是阿兰。厂长陈播说，王晓棠演出了人物的复杂性。所以，这部片子是我演过的唯一反派，但是它创造了一个特例。

袁丽萍：在电影《野火春风斗古城》中，您成功塑造了性格不同的金环、银环姐妹俩。您是如何完成这样性格不同人物塑造的？

王晓棠：著名作家李英儒曾是中共地下党员，他创作了长篇小说《野火春风斗古城》。《野火春风斗古城》中的“古城”就是保定。1959年我就看过并且挺喜欢这部小说。1962年10月，严寄洲导演找到我，让我出演姐妹二人。我说：“要么就别演，要演就得演好。”在《野火春风斗古城》定下我演姐妹俩后，很多人不看好我演金环。影片中，姐妹相貌完全一样，但是姐姐金环刚毅、敏锐，妹妹银环温厚、文静。因为之前我扮演的《神秘的旅伴》的小黎英、《边寨烽火》的玛诺、《英雄虎胆》的阿兰都是以纯洁或娇柔的形象示人，所以大多数人认为我只能演好银环。但只有两个人认为我能够同时演好金环和银环——严寄洲和我自己，只有两票。所以我要双倍地用功。

1963年王晓棠在电影《野火春风斗古城》中饰演金环、银环（王晓棠 提供）

对这两个角色，我熟读小说至倒背如流。在跟编剧李英儒讨论剧本时，我说您看下第246页有一段什么什么，结果李英儒还得一点点翻书。当时我的语音老师是实验语音学家周殿福先生。为了演好金环、银环姐妹俩，我在熟谙了姐妹俩的台词后，用小提琴定音器测试发音，让金环和银环的音高相差5度，在音色、音强、语速上也完全不同。我坚持每天清晨交替练习，直到能在瞬息之间转变人物的声音。演员对角色把握了12分，可能表现出来只有七八分。后来编剧李英儒对严导演说："这片子要不是王晓棠演，就不是这个样子了。"

严寄洲导演的善纳群言和泰然的行事气度、谦和的自省力铸成他宝贵的品质，而且他鼓励演员参与创作。拍摄过程中我与严寄洲导演多次研讨剧本，重写了七八场重要的戏，"姐妹两次相见""银环夜访""金环牺牲"……严寄洲导演都采用了我写的戏，拍摄的效果很好。因为这部电影，在1964年评选第三届电影百花奖活动中，我以高票荣获“最佳女主角奖”。

即使获了奖，仍有可以演得更好的地方。影片拍成后，内部谈论时，当时一位副厂长和本片的制片主任，还有演关敬陶的王润身，认为金环演得好；王心刚、李英儒等人认为银环演得好。我只好坐在一旁笑，因为在我的笔记上，两个角色都有演得不好的地方。

袁丽萍：您塑造了很多生动且富有感染力的人物形象，也创作了很多部优秀的电影作品，您能讲讲自己的心得吗？

王晓棠：我自认读书是对我最有益的。小时候总见父亲捧着一本书，使我相信书肯定是非常好的东西。抗日战争爆发后，我家从河南开封迁到重庆。家里很多好东西都送人了，但是书全部放在柳条箱里一直带着。受到家庭的影响，从小我就愿意认字、读书，小学二三年级时就抱着字典读《红楼梦》《三国演义》《家》《春》《秋》《傲慢与偏见》《浮士德》等。在青岛拍《海鹰》时，我带着刊载小说《野火春风斗古城》的大本杂志。白天拍戏，晚上在走廊的路灯下看它。直到现在，我始终保持阅读的习惯。阅读不仅增添了我的文化底蕴，而且促使我始终与时代脉搏保持一致。

再一个，刻苦用功要成为生活中的习惯。每部片子每天拍完戏，我都要写笔记，总结自己今天的拍摄哪里做得好、哪里做得不好。1958年我在《英雄虎胆》中饰演女特务阿兰，1959年我又在电影《海鹰》中演一个女民兵连长玉芬。当两部电影的剧照放在一起，大家都说这是两个演员。这是我希望达到的效果：一人千面，而不是千面一人。同时，人一定要大度，一定不要记别人的仇。这是我的真心话。你心里面有多宽阔，你的事业才会有多宽阔。

除了业务上刻苦用功，我还十分注重思想政治上的学习与提高。我认为，思想上达不到的境界，艺术上无论如何都是展示不出来的。我从一个青年学生，学唱着“我是一个兵，来自老百姓……我是一个兵，爱国爱人民”走进人民军队，从此有了信仰，逐渐学会“百折不回地战胜困难，从容大度地面对委屈，戒骄戒躁地奋勇前进，献身新中国和八一军旗”。记得1958年我获国际电影节“青年演员奖”后，有人通过八一厂演员剧团团长要求我写一篇心得。我问团长，能不写吗？团长说，为什么？我说，我还是个新兵，还有很长的路要走。团长想了想，应允了。

1961年按照周恩来总理的意见，文化部和中国电影发行放映公司经过慎重考虑，由四大电影制片厂各自上报名单给文化部，最后选定22位电影演员，统一印制照片悬挂于各大中电影院和俱乐部，我荣幸地被评为“新中国22大电影明星”。

一直到1962年出演的《鄂尔多斯风暴》，1963年出演的《野火春风斗古城》，我的拍摄道路确实是一条箭头向上的路，但是这条路是很艰难的，像有的片子，确实是百分之百用了功，但是并不成功。即使不成功，你也要百分之百地努力，这就是艺术。它是一个复杂的劳动，没什么可投机取巧的，你不用功就肯定不会成功。

1962年王晓棠在《鄂尔多斯风暴》中饰演乌云花（王晓棠 提供）

袁丽萍：电影《翔》是您自编、自导、自演的电影，您为这部电影的创作付出了巨大的心血。

王晓棠：1978 年年底正好是改革开放的开始，我写了《翔》的剧本。1982 年开始拍摄，整个过程很艰难。在上海 400 多天的日子里，我想自编、自导、自演，我不是要出风头，而是要告诉我的人民，对我的观众说："你们没有白支持王晓棠，她比以前更长了点本事。"是这么一个很朴素的愿望。剧本是写了一个园艺学家、一个归侨的故事，其目的是歌颂人民。电影从筹拍就不顺利，由于种种原因八一厂没有投入拍摄。但我不想放弃，当时我立了"军令状"：我当独立制片人，我保证思想好，片子艺术好，也不会赔钱。经过两年多的周折，电影终于由四川峨眉电影制片厂投拍。1983 年，电影上映，得到原总政领导、华侨界、科学界一致好评。我由此被任命为八一厂故事片导演。《翔》的成功，让我感受到改革开放不仅是我个人的探索，更是全社会在发展道路上的探索。

袁丽萍：为了创作电影《老乡》，您曾经六次前往洪泽湖革命老区，您的动力源泉在哪里？

王晓棠："文革"时期，六年在京郊林场的基层锻炼让我更加清晰地认识了人民是伟大的，是十分具体的。这六年，当然很艰苦，我唯一的儿子就是在这期间去世了。可是，这六年对我来说，也很不一样。我觉得我演任何角色，也不可能花六年去深入生活。

到林场之后我一次一次地写申诉材料。林场场长姓胡，他管我叫老王。他说："老王，你为什么来林场啊？"我说："这不是深入生活么。""咱们不要说这个，你说真的。"我就跟他说了。他说："如果是这样的话，那他们是错的。他们应该把你收回去。你是不是这么想？"我说："对，我就是要回去。"他说："好，我也没有别的办法能帮你。你什么时候去递送材料，我就准你假。"林场是半个月才休息一次，但他说你随时递送材料。在林场的时候，我就经常去北京市区递材料。由于北京没有住的地方，我必须在晚上回去。最晚回去的火车是下午 4 点。有一次我递送材料后，从八一厂赶到北京站，当时已经是最后一趟火车了。最后三分钟我买了票之后，车站已经打铃了，我上不了车。乘务员看到我，便把拴铁链子的闸拉开，冲着列车司机呼喊："嗨，让王晓棠上车，她是来落实政策的。"我就跑下去，跳上车，车就开了。上车以后，车上的人都认识我，"王晓棠你好好的啊，你将来还得给我们拍电影呢"。

林场实在是太苦了，下雨了农民都收工了，我们都不收工。当时叫"雨季造林"。下工之后我就扛着锹，走在水坝上。边走边想，从参军之后就说为人民服务，书上是这么说，毛主席这么说，领导也这么说，然而什么是人民，其实我并不知道。但是现在我知道了，身边的这些人都是我的人民：火车站的列车员、管"铁链"的职工、林场的工人、场长……他们都是我的人民，人民是十分具体的。在我人生最低谷的时候，他们仍然维护我，对我寄予厚望。从此，只要说到"人民"二字，我就饱含感情甚至热泪盈眶。我在心中发誓，倘若能回到电影岗位上，我就只做一件事——回报人民。以前想做人民的好演员，但并不知道什么是人民，这会儿才真正跟人民是心心相印的。这是我最大的收获。

1984 年，我担任原八一电影制片厂导演后，再着戎装。猛然看上去，军装还是原来的样式，可临风而立，我感觉自己比原来"富有"许多，也充实许多。

当时本来要拍抗战时在洪泽湖发生的一个战斗故事。可到了洪泽湖老子山一看，当地很穷，我觉得应该拍摄现在洪泽湖的故事。于是，我穿上一双布鞋，戴一顶草帽，背一个背包，乘火车到南京后，再乘长途汽车到淮阴，然后换船坐到老子山，船上都是卖小鸭子苗、大饼油条的乡亲们。我住的地方，说是个招待所，其实就是一间小屋子，两个床，床上铺着稻草，我把自己带着的铺盖铺上就是下榻的地方。老百姓把我当成他们的乡亲，给我熬的粥里多加一把菱米，就是招待我的美食。在这个过程中，我和当地的老乡建立了很好的感情。

我前后去了六次，写出剧本，拍成影片，主题是我们胜利了，不能忘记老区人民。影片放映后，得到湖北、江苏和其他老区的观众一致赞叹。也因为这部影片，我被总政评为“三八红旗手”，再次荣立三等功。

对于这段经历，我感觉，我有个特点：在顺境中，慎思实干；在逆境中，挺胸前行；在绝境时，告诉自己我是最棒的，一定能成功。

袁丽萍：《大决战》《大转折》《大进军》一系列军事巨片创作，在中国电影史上留下了浓墨重彩的一笔。当时创作的过程是怎样的？

王晓棠：当时中央军委下达命令：八一厂继1991年12月完成《大决战》3部6集巨片后，再拍摄《大决战》历史时期之前的《大转折》系列《鏖战鲁西南》和《挺进大别山》，以及《大决战》历史时期之后的《大进军》系列之《解放大西北》《南线大追歼》《席卷大西南》《大战宁沪杭》等战争巨片，把整个解放战争摄制成史诗般的鸿篇巨制，成为形象的军史、党史和解放战争史。

1996年王晓棠和《大进军》系列军事巨片的工作人员在拍摄现场交谈（王晓棠 提供）

1991 年 12 月24 日《大决战》全部拍摄结束后，在总政治部的大力支持下，作为八一厂副厂长的我带领创作人员组建了指挥调度枢纽中心，《大转折》《大进军》系列电影在第二年同时呈梯度开拍。

《大转折》分为上集《鏖战鲁西南》和下集《挺进大别山》两集，于 1996 年上映，描述了 1947 年中国革命处于危急关头，为粉碎国民党军队对陕北和山东解放区的重点进攻，扭转战局，刘邓大军南渡黄河，挺进大别山，在极为艰难的战争环境中，实现了中央的战略意图，使解放战争形势发生了根本性转折，人民解放军提前进入战略进攻阶段的故事。《大转折》的创作更是非常严格，刘华清副主席带领当年参战的人员讨论分镜头剧本。

《大进军》系列的 4 部，其制作也很严格。当时，我在办公室对面一个空屋子支起一个剪辑台，经常是白天办公，下了班吃完晚饭，晚上 7 点到 9 点剪辑《席卷大西南》，9 点到 11 点剪辑《南线大追歼》……一直要打磨到我们八一厂觉得再也没有能力制作得更好了，才能送出去审查。所以那些片子，电影局的领导认为都是精品。

当时 4 部 8 集的系列电影同时呈梯度开拍，拍摄的规模是空前的。整个厂里没有一个闲人，我和各部影片的主创人员，夜以继日，斗志昂扬，全身心奉献。在整体拍摄过程中，除了物资消耗外，光是动员部队就达 153 万人次。

《平津战役》的导演韦廉执导《大转折》系列电影的拍摄。《大转折》也是当时八一电影制片厂唯一带到香港播放并获得“金鸡奖”的影片。1997 年 10 月 10 日的《参考消息》中报道香港媒体刊文《神州军事片出现新转折》，评价影片《大转折》：“已问世的这些片子，显示了大陆战争片的新景观。这些片子的对白也摆脱了惯用的生硬、激昂、充满政治理念的宣誓语，影片客观重现历史，对白平实，敌我描写不再‘脸谱化’。”

《辽沈战役》的导演杨光远拍的《大进军》系列里边的《席卷大西南》，专家和观众都认为超过了他的《辽沈战役》。

《大进军》中的《解放大西北》《南线大追歼》《席卷大西南》都是我剪的片子。八一电影制片厂的这一系列历史军事题材的优秀影片，弥补了中国电影史上反映我党我军历史发展脉络题材的影片空白。影片放映后，群众通过电影了解我党的发展历程，激励和教育着人们珍惜今天的美好生活。这些影片承载了中华民族共同的理想信念与精神追求，能够凝聚中华儿女的爱国情感，担起记录历史的责任。一个国家的军事题材电影反映出的是一以贯之的民族之魂，饱含爱国深情的电影能够切实增强国人的底气和骨气。能参与这些大制作，我是很骄傲、很光荣的。

1984年王晓棠被任命为八一厂故事片导演，这是她与剧作家董晓华在洪泽湖深入生活时在船上的留影（王晓棠 提供）

在八一电影制片厂王晓棠厂长办公室对面的一间屋子里，放着一张剪辑台，它记录了王晓棠（左一）在这张剪辑台上工作的日日夜夜。电影《解放大西北》《追踪李国安》都是在这里完成的（王晓棠 提供）

袁丽萍：您在担任八一电影制片厂负责人期间，对电影制作提出了怎样的要求？

王晓棠：1988 年 6 月，组织任命我为原八一电影制片厂主管生产的第一副厂长。我首先剪去了长发，我知道自己没有时间打理自己的长发了。剪去长发，也寓意着减除一切不利于新职务的后顾之忧。

经过调研，我当时定下：精品就是要讲究不将就，每部电影的样片，生产副厂长和各部门领导都要看。我们全天 24 小时等候看片。看过样片，马上讨论，形成批评意见。有不足之处，提出修改方案，供在外景地的摄制组参考，马上补拍。这样做，省时、省周期、省人力，当然更省钱，从而提高了影片质量。

当时我要求，参加审看样片的每个同志，不许说虚伪的奉承话，挑毛病是为了使每部影片的品质过硬。向军队上级和国家电影局报告，凡事都要实事求是。要报喜更要报忧，报喜可以从容，报忧要及时，甚至不过夜。

一次，我组织全厂的同志分 4 批审看一部刚拍完、已经配完全部口型的影片。大家看完都说："不行，太荒谬了。"我问："能改吗？"大家说："改不了。"于是，厂党委讨论做出决定：将此片"关掉"。建厂 36 年，八一厂头一次毙掉一部影片，全厂大震：一部高成本的影片都可以"关掉"，那么每个人要不好好干是不是同样会被"关掉"？

虽然这个举动警醒了全厂要有忧患意识，但是"关掉"一部耗时费力的影片，我很心疼。我于是用这部片子的素材构思了一部儿童片，成立摄制组完成创作，新的影片名为《告别骷髅岛》。之后，我用剩余的镜头编写了一部电视剧，名为《白玫瑰的诱惑》，为厂里挽回了损失。老厂长陈播惊讶："八一厂能花这么大的成本拍电视剧？"其实一个镜头也没拍，全用原素材编剪而成。

此后，八一电影制片厂一部部故事片、纪录片，在以同样的精神和严格把关后送审，"八一厂治厂很严"的声名鹊起。当时电影制片一处（故事片处）处长费俊、副处长杨乡说："八一厂送审的报告，写得非常可观又留有余地；绝不自吹，绝不隐瞒缺点，十分难得。”在一次全国电影会议上，他们前后4次表扬八一电影制片厂在艺术、技术、作风各方面高标准严要求，摄制出了好影片。

袁丽萍：2001年您编导拍摄的电影《芬芳誓言》获了很多奖，而且季羡林先生称该部影片为“杰出的影片”。这部影片的一大特点是全部使用非职业的演员，您当时是如何考虑的？

王晓棠：这部电影演绎了两岸同胞相望52年、血浓于水的爱情、亲情、友情。看上去是两岸间普通老百姓的故事，却是十几亿中华儿女常系心间的头等大事——人民要团圆。在八一厂厂长岗位上时，我就开始构思这样一个题材的剧本。1998年7月29日我离开岗位后就着手开始拍摄。剧本原名《相约今秋》，后改为《芬芳誓言》。世界上每个人都在心底有自己的誓言，但看是否芬芳。我和王宸是这部影片的编剧，于2000年拍摄完成，2001年正式上映。

电影要想做到以情动人，就必须特别真实。所以，我们没有请职业演员，而是全部邀请其他职业的人士来饰演片中的人物，其中有大学校长、教授、作协主席，也有台商。他们的身份和经历给影片带来最真切的效果，唤起海峡两岸强烈的共鸣。我是演员出身，给他们讲戏，帮助他们准确地把握人物是我的优长。观众认为每个角色都特别真实，富有感染力。专家认为，这是演员演不出来的“惊人的真实”。

出演的主要人物中，黄济人是国民党黄维的侄子，戴宏民是台湾“行政院长”俞国华的外孙，许由是《落花生》的作者许地山的侄子，许燕吉是许地山的女儿。所有演员都不曾演过戏，八成的演员是使用自己的本名出演。这部影片所用的演员虽然都是来客串，但他们的理解力大都比较高，我在每场戏排练之前，都先向他们讲述、分析这场戏的总体把握和每个角色的任务和应如何表现，然后让大家把台词对一对，拍摄常常是在不知不觉间就开始了。可以说，当时从哪天开拍，剧情就从哪天开始。非演员演戏最困难的就是台词的表现，这对于一个正式演员来说都有很大压力，更何况是第一次演戏的非演员，所以这里面我们下了很大功夫。

电影《芬芳誓言》在北大礼堂里利用午休时间专场放映时，近千人挤满礼堂。后来邀请季羡林先生去观看，观影后季羡林先生写了影评《欢呼“芬芳誓言”》并刊发在2001年8月3日的《人民日报》上，他对这部片子给予了很高的评价，“电影结束了，整个大讲堂内一片热烈的掌声。在场的所有我认识的人，当然也包括我自己在内，没有不哭的，有的竟哭得两眼红肿。我在上面提过的得到‘效果’，这就是效果。我对王晓棠说，我简直想称这部影片为杰作……我认为这是一部杰出的影片，值得两岸全体人民以及海外华人郑重推荐。”作家黄济人在看完片子后说过一句话：看这部片子不怕你有水平，就怕你没水平，你水平越高越喜欢，因为它非常深刻，但是没有一句口号。

这部片子在台商方面引起了不小反响。2000年3月中旬，我和王宸带剧本到台商中征求意见。大家听完影片中的故事后情绪非常激励。他们之中有的推迟了生意谈判，有的专程从台湾赶过来。最后公映的时候邀请的电影界黄宗江、陆柱国、李行和谢铁骊等专家顾问以及台商们出席。该片最终荣获了中国电影“金鸡奖”最佳编剧奖、《大众电影》“百花奖”最佳影片奖、华表奖的评委会奖以及中宣部“五个一”工程奖。

袁丽萍：对未来军旅题材电影的发展，您有什么建议？

王晓棠：在我走过的道路上，每一步都离不开新中国对我的培养，离不开人民群众对我的恩泽。中国人常说，受人滴水之恩，当以涌泉相报。而我，是受了人民涌泉般的恩惠，竭尽心力也只能是滴水之报。一个人只要精神不垮，生活就是充满希望的，人永远都要走箭头向上的道路。

从目前来看，在拍摄中，创作人员不管是编导、演员，还是摄录人员，都应该要深入基层部队，知道基层部队官兵的所思所想。所有的片子，不管你场面多好，最终落脚点是在写人。所以，创作人员一定要深入基层部队，深入官兵内心。

作为演员，我认为最起码的是要德艺双馨。影视事业无论发生怎样翻天覆地的变化，有的东西不能变。比如严于律己、爱国爱民，比如追求真善美的艺术品德、精益求精的敬业精神等。我们呵护这个产业，就应该身体力行这些宝贵的品格。因为德是立身之本，艺是事业之基。文艺工作者以提高人民精神境界、培育人民高尚灵魂为己任，首先要自己有这样的境界、灵魂。

2019 年夏，王晓棠接受本书作者袁丽萍采访（王晨光 摄）

人间总是有比金钱更可贵的真朴之情。这正是我们想通过作品表达的。以人民为本，为人民书写、抒怀，振奋民族精神，这是文艺创作的本质。我曾说过："有人说演员的最大幸福是获得鲜花和金奖，而我认为演员最大的幸福是和人民相思难忘。"

从电影管理角度来说，国有电影企业、民营电影企业都大有可为。对拍摄军旅题材作品拍得好的，要奖励，要严格管理，有人做得不好的，也要拿出硬招实招。

（王晨光对本访谈亦有贡献）

创作感言

我是一个兵

袁丽萍

采访这天，王晓棠坐在沙发上，腰杆挺直，一身碎花长裙，优雅大方。如果不是看过资料，很难将神采奕奕的她与85岁联系到一起。

王晓棠说，自打入伍后，印象最深的一句话就是“我是一个兵”，当兵就得有兵的样子。

那年要出版个人电影画册，她特意选了那张年轻时身着军装、英姿飒爽的照片做封面，军帽上的红星映衬着青春的风华。

要刻苦用功，要精益求精，王晓棠从年少入行开始便以文艺精兵的标准要求着自己。台上一分钟，台下十年功。几十年艺术生涯，塑造出众多经典人物，这背后，是辛劳，是汗水，也是一个兵的热爱与奉献。

是啊，正是兵的坚强，兵的意志，让这位女演员一直如此美丽，让她在军旅电影史上留下的印迹格外动人。

2019年6月

音乐就在人民当中

——对话作曲家羊鸣

羊鸣，原名杨明，中国著名作曲家。1934 年 7 月出生于山东蓬莱，1947 年参军，先后在安东军区文工团、沈阳空军文工团、空政文工团工作。创作有大型歌剧 9 部，小型歌剧 6 部，歌曲近千首。其中歌剧《江姐》（与姜春阳、金砂合作）一上演便轰动全国，历经 5 次复排依然经久不衰。歌剧《江姐》中的唱段《红梅赞》《绣红旗》以及歌曲《我爱祖国的蓝天》等作品唱遍大江南北，在全社会产生重大反响。

问：您是如何走上音乐创作之路的？

羊鸣：我父亲是闯关东到的丹东，我出生在蓬莱，7 岁的时候跟着母亲一块儿到了东北。但那时候，东北成了伪满洲国，被日本殖民地化了。后来八路军来了后，成立农会、妇女会、儿童团，我是我们那边儿童团的团长。这为什么和我搞艺术有关系呢？在那期间，我们跟着学歌，我觉得这个好。我会唱的第一首歌叫《八路军进行曲》，“铁流两万五千里，直向着一个坚定的方向”，就唱那个。唱的时候我还不太懂，一直到我参军以后才懂，什么叫“铁流两万五千里”。后来又来了国民党的部队，我就感觉不一样了。国民党部队来了以后，进到屋里就是喝酒、打麻将，闹得我们鸡犬不宁，临走的时候搞得乱七八糟的。八路军来了，不进屋，直接睡在大街上。你请进屋了，人家临走的时候也给你收拾得干干净净的。而且，八路军还教我们唱歌，领我们看戏，看八路军演的《白毛女》。看戏的时候老百姓都特别受教育，我奶奶说：“哎呀，真没有良心啊，怎么这么欺负我的孩子啊。”你想我那个时候是个 13 岁的孩子，我 9 岁就没有了母亲，父亲还开着一个小铺，弟弟还得我背着，而且我们在日本人的统治下，过得很苦。八路军一来，突然就感觉不一样了，变了一个天了。所以，我想跟着八路军走。我是儿童团团长嘛，能先得到消息，打听到他们要招兵后，我就去报了名。那是 1947 年，我其实才 13 岁，但我报的是 15 岁。那时候个子也高，就这样参军了。

参军后，我们要从宽甸一路步行走到丹东，冬天 11 月，在大雪地里走，有的人走到家门口了，就不走了，20 多个人最后就剩下不到 15 人。到了丹东，说我们要去的地方在通化。那个地方成立了个培养战地医生的地方，要准备打仗。有个首长就问我：“你多大？”我说 13 岁。“那你为什么多报？”我说：“我看了，你们不到 15 岁不让参军。”首长也没办法，我都从大雪地走到这里了。最后他说：“那你到我们文工团吧。”我说：“不管到哪，穿上军装我就满意。”结果就这样，我被分配到安东军区文工团，成为一名“小文艺兵”。

我家祖辈没有搞文艺的，也没有当兵的。我到了文工团后却特别适应，一个是当兵我特别适应，一个是搞文艺我特别适应。我第一次接触艺术，就是排《白毛女》。排练的时候我有两个任务，一个是我管小道具；第二个农民开大会，斗死黄世仁，过场的时候有个老太太牵个小孙子，我就演那个小孙子。再后来，我就到乐队了。我那个时候呢，见弦我能拉响，见笛我能吹。我对文工团的所有乐器都很感兴趣。打击乐、吹长笛、拉提琴……只要是乐器，我什么都想学。乐队的队长，对我特好，那是我的启蒙老师。在那待了一年多以后，我会吹长笛，会拉琴了，也会拉二胡了。队长特别喜欢，说是队长，其实也就二十四五岁，那是我崇拜的对象，提琴拉得好，曲子作得也好听。其实，当时最吸引我的，就是队长谱写的一张张乐谱。我就跟队长说，我能跟你学作曲吗？他愣了，说：“哎哟，你这小孩志向挺高的。”后来在我的哀求下，他答应我了。我就偷偷地跟着队长学作曲。当时由于害怕别人取笑我，我就让队长保守“秘密”。我们俩定的就是，我写的歌放在他的枕头底下，队长熄灯前抽空给修改，并在原稿上注明。第二天，我再从队长的枕头底下取回修改稿，仔细地理解斟酌。有时间了，他也会找我谈谈。这是我的启蒙老师，这个启蒙老师教给我最好的一条，就是部队每打到一个地方，他第一个任务就是带我到民间搜集民歌，采集素材。他的意思是“音乐不神秘，音乐就在老百姓的生活当中，就在你的脚下”。

问：您创作的第一个作品是什么？

羊鸣：1949 年冬，新中国成立后的第一个新年马上就要到了。这将是一个多么值得纪念的日子啊。那时候，四处锣鼓喧天，全国人民都沉浸在欢乐的气氛里。我看到那些喜气洋洋的景象，特别激动，特别想写一首歌。但我也不敢跟别人要词，就自己在报纸上随便写了几句："新年的锣鼓敲得响，庆祝战士真快乐，革命战士喜洋洋……"就像一首快板，但是确实表现了我当时最真实的心情。曲子我用唢呐调开头，最终就写出了《庆新年》，并在歌谱的右上角第一次写下了我的笔名——羊鸣。

抱着碰碰运气的想法，我把这首歌寄给了东北军区《部队文艺》编辑部，没想到很快在 12 月那一期上发表出来。打那后大家都知道我能作曲了，我就开始用业余时间为团里搞创作。

问：为什么起这个笔名呢？

羊鸣：我参军的时候，大名叫杨培兰。一听就像个女孩的名。我就查字典，我想改成光明的明，杨明。走向光明，多好。那几年我都是叫"杨明"。一直到 1958 年我到了北京，我仍然还是叫杨明。我在沈阳音乐学院学习的时候，用的还是杨明。但是一写作品，我就用"羊鸣"，好像就有点上瘾。领导在 1958 年左右给我提出来，你这一会儿杨明，一会儿又羊鸣的，你档案都乱了，你就改一个，赶快想好。我一想，干脆一改到底。我们家姓杨，就我一个是羊。我觉得这个名挺好。我到了文工团以后，发现文艺工作者很浪漫，有叫萌禾的，有叫人生的。我就来个羊叫，叫羊鸣。

这里有个小典故，我刚开始作曲的时候，拿着自认为写得不错的曲子给音乐教员看，教员默默地读了几遍之后，用左手捏着鼻子发出"咩咩"的声音，打趣道："小杨明啊小杨明，你这曲子可真像羊叫。"正好我还从新闻里看到有一个国民党高官被逮捕，也是叫杨明。于是我干脆就改成"羊鸣"，一直用到今天。

问：您怎么从东北到了北京，到了空政？

羊鸣：后来，沈阳军区成立空军，把安东文工团都编过去了，文工团也就成为空军文工团。再后来，我们就参加抗美援朝了。抗美援朝阶段，我们团是半夜两点出发奔的朝鲜。到那我们的高射炮都已经在鸭绿江那边了，我们就赶去慰问演出。那时候，上面飞机照打，下面我们照样唱。我当时就有战地情感。回来以后我写的第一部歌剧，就叫《一个志愿》，完全凭着感觉走，半专业半业余。抗美援朝的时候，有一批大学生支援前线，到了东北，凡是有音乐细胞的，我们就留下了。他们教我组合弦、复合弦等等。我考东北音专，就是后来的沈阳音乐学院的时候，别人问我："你会什么？"我说，我会提琴，我会长笛，我还会指挥。老师就让我现场指挥。结果我指挥完老师说，你这叫打拍子，不叫指挥。我才知道，这么严重啊，那我来考就对了。考上东北音专后，我从 1950 年念到 1953 年，算大专，念完以后我又回到原来的文工团。这个时候，空军总部来通知了，要把优秀分子调到北京，成立一个文工团，就是空政文工团。1958 年，我就被选到这个新文工团的创作组，而且是专职写歌剧，也就是歌剧团。来到这以后我就感觉，这怎么这么多的专家。大伙儿在一起，我们的团长，开始介绍：来，我给大家介绍，某某同志，作曲家；某某同志，作曲家。我还想呢，怎么这么多作曲家。这时突然，"羊鸣同志，作曲家"。敢情他这个称呼，就是只要作曲的就叫做作曲家呀。我是沈阳音乐学院毕业的嘛，从此写歌剧的重担就交到了我的身上。阎肃那个时候还是演员，姜春阳也是演员。跟我一块搞歌剧创作的就一个金砂，是年纪比我大 12 岁的一个老同志。后来我就跟姜春阳说了，我说你先在演员队，过段时间，你就过来。阎肃那时候也在演员队，演"狗腿子"，还不是"大狗腿子"，是"小狗腿子"。他人很聪明，我也拉他写东西。就这样，我们就开始创作写歌剧了。阎肃那时候大我 4 岁，我和阎肃没事的时候感慨，我说老阎啊，咱俩合作写了这么多东西，有两个没想到，一个没想到的是《我爱祖国的蓝天》，另一个就是《江姐》。咱俩这两部是典型的无心插柳柳成荫了。石顺义说过心里话，他说：老羊，我有个体会，这个写作也是命啊。

问：您创作了众多优秀的空军歌曲，特别是创作于 1962 年的《我爱祖国的蓝天》，这首经典歌曲已经走出空军，在全军流传，成为数代官兵的军旅记忆。

羊鸣：1961 年，我与阎肃同志来到广州空军某部队“当兵”锻炼。一个飞机配两个机械员、一个机械兵，我们当的就是机械兵。每天跟着机械师做飞机维护。早上天不亮就起床，晚上送飞机到机窝，早上去了我们就擦飞机，擦表面，递扳手，“5 号扳手，9 号扳手……”你就给机械员递。等把飞机检查维修好了，油也加好了，飞行员来了开飞机。我们完全和战士们一样，他们干什么我们干什么，半夜突然紧急集合，打上背包就往操场上跑。营房、起机线、停机线这种三点成一线的生活我们整整持续了一年。

过年了，我们跟战士在机场后面的山坡上打打扑克。每人分了 5 块糖，那个时候吃饭吃不饱，正是困难的时候，能发几块糖已经不错了。我打扑克老是输，阎肃鬼啊，都给他赢了。当时飞行员有自己的飞行灶，还学苏联，供应啤酒。他们不喝都攒下来。我们当时都熟了，一到节假日，就在山坡上铺上一个垫子，喝着酒，唠嗑，谈家常，感觉特别浪漫。那个时候我们爱在机场看飞机、等飞机，看我们飞机飞回来了，就特别高兴，我们都是站在桥上迎接它们回来。那一天，还没等飞机回来呢，敌人的子弹“嘟嘟……”扫过来了，吓得我们赶快藏起来。那时候敌人就是当你要回来的时候，它就尾随你，等你快落地了，就扫射你，好多战士因此受伤。我们看到我们的飞机被打到后起火了，看着要撞到南山坡，我们这边紧急抢救车辆就赶快往那边去。我们也跟着过去。到了以后，我们看到飞行员自己出来，已经把自己包扎好了，在那抽着烟，等着我们去救援。

就是这样，在这段平凡又不平凡的日子里，不管是飞行训练、战备值班还是休息娱乐，我们都和飞行员、地勤战士们朝夕相处，建立了深厚的感情。在无所不谈的交往中，我进一步熟悉了他们，了解了他们，常常被战士们那种热爱祖国的博大胸怀、保卫祖国的英雄志向所打动。就是在这样的情况下，我心目当中有了形象。第一，从人来讲，飞行员很单纯。他们接触的事物不多，但是他们很忠诚。我感觉飞行员既帅气英武又浪漫豪放。他们都很帅气。飞行员那个服装一穿，飞机起飞时“唰……”就这样升空了，很帅。《我爱祖国的蓝天》我从过门开始，我不是先写歌，为什么呢？因为，飞机在起机线等好了，机械师把电瓶车拉过来了，机械师要看着飞机起飞，“准备，点火……”一下子从飞机后面喷出的就是火啊。“唰……”一个，“唰……”又一个，所以歌曲先有过门，就是起飞前的准备。第二个是飞行员的思想很帅气，学飞行技术的文化程度相对来说比较高了。热爱祖国的蓝天，是每一名飞行战士的共同情感；保卫祖国的蓝天，是每一名飞行战士的神圣职责。

这首《我爱祖国的蓝天》，就是我们决定要回来的时候，阎肃开始酝酿了。我说我们到这来写啥啊，大家坐在一起开始谈。我们只有一个蓝天，每天就是这样，我们中午就在机翼下休息，每天都和飞机打交道。点火时的场景很帅，但是飞到空中以后你再看，飞机变得如同一个小小的风筝，悠然自得。我就从那一刹那，我就想把它写成三拍子了。我回头一想，怎么写成三拍子呢，军歌你要走步啊，怎么能是三拍呢，又一想，管它呢，就三拍了，当时也不管那么多了。

创作的灵感就是这么产生的。我觉得首先我非常崇敬飞行员，他们是世界上最英武的男子汉，是中国军队的标准男子汉。另外他们生活的节奏，他们内心的浪漫色彩，以及他们的文化，他们的风度都贯穿在这里头。整个音符是很自然的大跳。因为有开阔的天空，这不是有意的，这是自然的。有人跟我说他还有一个发现，说羊老你这个《我爱祖国的蓝天》一句大调，一句小调，一句小调，一句大调。我说，这不是我事先想好的，这是自然形成的。它就是上下贯通，海阔天空。用一个大胸怀，用一个帅气的表现，用深厚的感情，这就是我们的飞行员，内心是非常丰富的。不瞒你说，我写这首歌前前后后就用了两个小时，它就是一种生活的积累。写完之后，我们歌舞团在上海演出，我们有个叫秦万坛的演员，拿到上海就开始唱了，唱了以后反响挺好。后来中央人民广播电台又录音播放，那个时候还没有电视，不知怎么我就收到了好几封信。其中最有代表性的是清华大学的一个学生，他在信中写道："感谢你作曲家，你给我们送来了一个帅气、英武、豪放，听起来又畅快的歌曲，感谢你能写出这样的好歌。"这封信可惜最后没有保存下来，但是我在文章里经常提到这件事。这个歌是一出来没多长时间就有反响了，但是我无论如何都没有想到，后来它竟能在全国这么火。最让我感动的是那时候咱们卫星上天，要选一些歌曲，让全民投票。《我爱祖国的蓝天》是第 19 名啊。这是我没想到的。还有没想到的是，外国军队也唱这首歌。那个时候我们空军每年春节的时候，都把大使馆的空军请来搞个联欢慰问啥的。我们唱这歌，他们也唱。音乐是无国界的。我觉得《我爱祖国的蓝天》在专业、业余群体中都一致认为是非常好的，我自己也感觉，我那时候才 27 岁，我居然能写出这样的歌，要感谢生活体验。人们常说，好的作品是迸出来的，不是挤出来的。无病呻吟、矫揉造作的东西往往没有生命力，真情实感、有感而发的作品才有成功的可能。这首歌就是源自我的真情实感。

这歌反响极好，我来个自我表扬，到现在人们都还在唱。这首歌创作半个世纪以上了，你说它老吗，我感觉它不老。有些歌可能过段时间就感觉老了，但是这首歌我感觉没有，那种浪漫，就是飞行员给我的一种浪漫、单纯，像大海、天空的那种湛蓝给我的一种创作灵感，可能永远不会老。

问：《江姐》这部歌剧作为红色经典，深受人们喜爱。据说，它的创作历程很艰辛，经历了一些波折。

羊鸣：《江姐》能成功是生活的积淀，是理想的萌发，是江姐本人江竹筠的故事深深地感动了我。《江姐》能称为经典，我承认，为什么呢，因为它确实是人见人爱。你在艺术届，百花齐放，百家争鸣，有人说这好，有人说那好，唯独《江姐》不管哪个层次的人，都一致认为这是经典。我举个例子，前几年，军队大联欢，开始要唱一首歌，后面结尾也要唱一首歌，但是到唱歌录像时，人都走得差不多了，怎么办呢？就决定先录音，镜头好做啊。选什么歌呢？大家一致认为是《红梅赞》。因为这首歌大家都能张开口唱。再一个，内容也合适，“唤醒百花齐开放，高歌欢庆新春来”，晚会时间正好是春节嘛，也挺好的。还有一年，我们给北京大学的年轻人演出，我说你们会唱这首《红梅赞》吗？他们说，我们不会唱，但是妈妈唱过。“唤醒百花齐开放，高歌欢庆新春来”，这里有一种文化，就是中华民族的魂。我们《江姐》在演出的时候，专门在深圳演了一场。那时候深圳是个小村，为什么在那儿演呢，就是为了把香港同胞引来。结果，香港一批有名的老演员都过来了。那时候他们都有录音机，都把歌录走了。后来《江姐》就在华侨中开始流传了。

《江姐》也是无心插柳柳成荫。在创作《江姐》之前，我们空政文工团创作组写的一部小歌剧《刘四姐》，获得了不小的反响。我们几个人在一个小饭馆里吃庆功宴，非常高兴。大家就想着再写一个大本子出来。当时，罗广斌和杨益言合著的小说《红岩》正式出版，书中的故事让许多人热泪盈眶。不记得是谁提议，说我们可以根据《红岩》改编一个歌剧啊，大家纷纷说好。阎肃建议，书中的“江姐”是个非常感动人的形象，不如就写一个《江姐》。大家都觉得这个主意不错，一致同意。

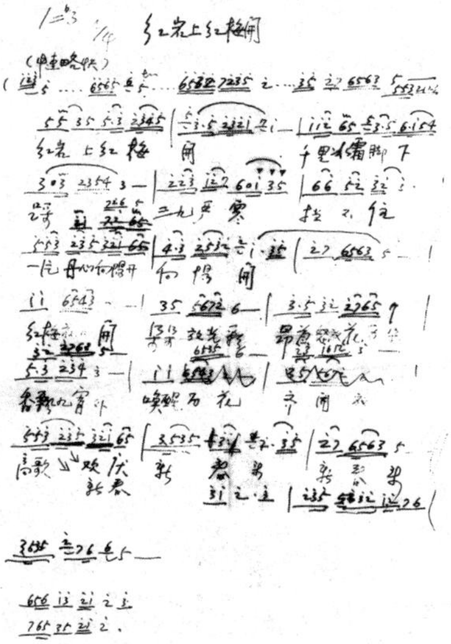

歌剧《江姐》主题曲《红梅赞》手稿，该歌曲初稿名为《红岩上红梅开》（羊鸣 提供）

图为 2007 年第 5 次复排的歌剧《江姐》演出剧照。该剧 2012 年获得国家第二届优秀保留剧目大奖，是 2017 年第三届中国歌剧节唯一获邀在优秀剧目板块展演的军队作品（空军文宣部门资料图片）

决定写《江姐》歌剧后，阎肃用休假时间把剧本写好。大家又一起采访了江姐的许多老战友，一边采访一边修改剧本。剧本定稿后，作曲的任务就落到了我、姜春阳、金砂的身上。我们三人就和阎肃一起去重庆采风，体验生活。我们几乎走遍了江姐故乡的每一寸土地，走访了江姐生前的战友和老游击队员，参观了渣滓洞、白公馆、华蓥山等旧址，了解了大量的第一手资料。同时我们还学习了川剧和四川扬琴，搜集了大量的民歌等音乐素材。两三个月后我们完成了第一遍稿。

但没想到回来后，文工团领导否定了我们的创作，是被全盘否定，绝对不行。不是改就能行的，直接一个音符都不能留。姜春阳说，那时候羊鸣哭了。我能不哭吗？那时候姜春阳也不好受。领导说我们这篇稿的主要问题是，生搬硬套四川的音乐元素，听上去古里古怪不易接受。领导还建议我们研究江姐的人物性格，创作一个与洋歌剧不一样的、富有民族特色的、雅俗共赏的作品。

歌剧的音乐不是从主题歌开始的，是有了主要唱段，有了主调之后再创作主题歌。那时候给我们的压力很大，弄一个不行，弄一个不行。最后我们学习了周总理的讲话，提到艺术要革命化、群众化、大众化。

再加上当时那个年代在文艺上是百花齐放、百家争鸣，就是自然灾害以后，环境宽松了，在上海的一次座谈会就提出了寓教于乐。不是不教育人，而是艺术要寓教于乐，寓教于自然。这样的一些口号，让我们突然打开了思路。

我们访问江姐的好友有一个什么样的感觉呢？她瘦小、并不起眼，但是所有受访人，不管年龄多大，都是掉着眼泪给我们讲她，讲江姐哪一点都做得非常出众。我去过渣滓洞了，男牢就在这边，这边是刑具室，每次把江姐带走，全部男牢的人都能够看到。我上去看了，老虎凳、插竹签，想想都难以忍受。有一些受刑的人有时候也说，就希望敌人能够狠一点，赶快迷糊过去吧。这些刑罚是非人道的，是灭绝人性的。一个弱小的女子，去世的时候才 29 岁。后来谈话的人哪个不心疼，眼瞅着江姐受尽各种刑罚。你就想到了中华民族的独立也好，复兴也好，中国人民站起来，不就是因为有这些人吗？江姐是最说明问题的。我就觉得，是这些让我们感动了。所以学完以后，我们不能马虎。原来就是想着一把完成任务，任务完成就行了。后来，我们完全接受了批评意见，一个音符不能留，四川的音乐要保留，但要补充。四川音乐有好多可吸取的东西，我们用了四川的清音、四川的扬琴、四川的打击乐，能用的手段我们全都用了。第一，我们决定解放思想，不墨守成规，要更好地使用民间音乐的特殊表现手法，只要是先进的音乐，我们就把它拿来再创造、吸收融化。再一个，把《江姐》好的因素在主题歌里体现，唱主题歌想江姐，唱江姐就想主题歌，争取能够让这个主题歌飞起来。于是我们 4 人一合计，决定继续采风。我们第二次奔四川。我们第一次奔四川过年都没回来，第二次奔四川然后又从四川到了上海、浙江等地，更广泛地汲取江南音乐，如婺剧、杭剧、沪剧等地方戏曲的养料。浙江婺剧团在金华演出时，我们就天天跟着去看演出。我们那个时候就像一个没有粮食吃的人。反正能吃的我就来啊，我们都吸收。我们到达杭州的时候，看那个婺剧演出，剧中老有“啊……”我说记着啊，将来肯定能够用上；看越剧，唱着唱着突然“啪”，弦都不响了，它就这样，要我说，这是一个表现方式，你不要以为感情都是在唱，突然间什么声音都没有了，这也是特殊手段啊。就是但凡我们能用的手段都拿来用。大家下决心，像江姐这样心灵美的女人，这样伟大的女性，我们不给她写出最美的音乐，最感人的音乐，那是我们的失败。

这次回到北京后，我们有创作灵感了，开始夜以继日地创作，经常是一连工作近20个小时，十天半月才休息一天。终于，剧本的第二稿顺利通过了审核。通过后，我们又对每一段旋律、每一个音符紧抓细改，又是连续几个月的苦战。终于，历经两年的创作，在1964年9月，歌剧《江姐》在北京首演，获得很大反响。10月13日，毛主席和周总理、朱德委员长、董必武副主席等中央领导看了《江姐》演出。10月底到12月，《江姐》在南京、上海举行了公演，开始在全国产生影响。

问：《红梅赞》是歌剧《江姐》的主题歌，曲调质朴婉转而又高亢坚定，这首歌曲是怎么创作出来的？

羊鸣：刚刚我说过，当时我们走访了十几位江姐烈士的好友，没有一位不是流着眼泪叙述烈士事迹的。我们还住进了渣滓洞，体会江姐当时的牢狱生活。当时，我和阎肃就有一个念头：没有最美的词和最美的音乐给江姐，就对不起这位女英雄。罗瑞卿首长曾经指示过，一部歌剧没有几个好歌曲是不行的。刘亚楼司令员很严格，要求这部剧一定要有一个流行的主题歌。不仅要有，还要流行。所以，写好一首能够流传的主题歌，并赋予“江姐”最美的音乐形象是我们的初衷。

现在回想起来，当初为这首主题歌我们可是费尽了脑汁。首先是歌词，从什么角度进入？赋予它一个什么内涵？捕捉一个什么形象？那是颇费周折。阎肃是苦思再苦思，追求再追求，否定再否定，也是经历了很多挫折。刚开始阎肃写了一个失败的，我们也作了曲，拿上去了直接说不行。主要是词不行，回去让阎肃好好改。阎肃拿回去，大半夜的敲我们房门，说“你看这个行不行”。“不行”，他又拿回去继续改。他也是被逼到无奈了，正好前段时间上海有个乐队给他约了个稿，让他写一个红

2019年，羊鸣在接受本书作者采访时，现场演唱歌剧《江姐》片段（王晨光 摄）

梅，他当时已经完成一半了，他把那首歌的意思一念，大伙儿一致同意，“就它了”。那个歌词是“红梅花儿开……”，我们说可以改成“红岩上红梅开”，这不就和江姐契合上了吗。阎肃思路顿开，写出了这首主题歌歌词。

之前我们一到江南二攀蜀道，多次到四川、浙江等地采风，收集了大量音乐素材。我在为《红梅赞》谱曲时，很自然地就想起了在成都听过的四川清音、在杭州听过的丝弦弹唱。婉转动听的旋律中流露出的柔美之气，弹拨节奏中穿透出的阳刚之气，成了《江姐》音乐的种子。“一片丹心向阳开”的拖腔，就是用婺剧《双下山》的音乐变简为繁，加花而成。《红梅赞》我们写完后又经试唱、修改，再试唱、再加工，前后八易其稿、修改20多次方才定稿。这首歌定稿后不久，空政文工团原驻地——北京灯市口同福夹道的大院里，《红梅赞》的歌声随着排练的深入已经在演员、职工、家属、孩子中间唱开了。这传递了一个信号：这首歌群众喜欢听、喜欢唱。这么多年来，很多人都表示很喜欢这首歌。我觉得它是一曲英雄的赞歌，它唱出了时代的声音、民族的心声，而且具有朴素、优秀的艺术品格，所以能深入人心。

问：歌剧《江姐》到现在已历经五次复排，展示出长久的艺术生命力。

羊鸣：我们想使观众“欢喜看”“欢喜听”这部剧，所以创作时很重视音乐语言的民族化、大众化，力求这个剧亲切、动听、新颖、朴实。在表现手法上，我们不去追求表面的华丽，不搞华而不实、大而不当的东西，而是深入浅出，以简单的手法表现深刻的内容。我们想着这部歌剧写成后，无论大剧团、小剧团，甚至业余剧团，演出时都不感到吃力，干部和群众看了这部剧都很喜欢。

1962 年，我 28 岁，跟志同道合的战友投身这部歌剧的创作，从此和江姐这位伟大的女性、人民的英雄结缘。从《江姐》的创、演过程我深刻地体会到，人民需要歌剧，歌剧更离不开人民，人民创造了艺术，（我们）理所当然地应当把艺术归还奉献给人民。

作为《江姐》诞生至今的亲历者、见证者，（看到）歌剧一次次复排，我很欣慰，也很激动。随着时代的变迁，《江姐》的表演形式会发生变化，但我知道在中国这片红色的土地上，《江姐》是永远的“江姐”，红梅会永远地盛开。

问：《江姐》这部剧为什么能成为经典，有什么经验，您总结过么？

羊鸣：到哪里座谈我都讲，问我有什么经验，那就是先感动自己，再感动别人。作曲家也好、词作家也好、剧作家也好，你自己都不感动，你还拿去糊弄谁啊？

我们每演出一场戏，刘亚楼司令员都布置十几个人跟观众一起观看。回来就记这些人的意见。有个 50 多岁的老太太，她说这个戏也不知怎么的，一唱就想掉泪。刘亚楼要求把这都记下来，原话记下来，然后让我们听。还有的人说，怎么我们准备的道具不像什么的。我们演出回去就立马改。天天都有这样的演出快报。刘亚楼司令员后来得了癌症，那时候在南京，我们剧组一直跟着他，他每天散步的时候提出来，这一句得这么改，那一句要那么改。演员也是，大家互相在一个标准上，我可以不唱你的，你唱不好我就要求你。我每天起床刷牙，演员都坐在外面等着，“羊老，你给我们辅导辅导”。有这样排戏的吗？能不

羊鸣代表作歌剧《江姐》剧照（羊鸣 提供）

好吗？等我们排到一定程度的时候，行了，《江姐》主题歌有了，炊事员剁菜都在唱了。正好那时候要有全军会演，我们现在拿主题歌出去就能得奖，而且能得大奖。我们的王副主任，他是河南人，他就说："我是这样看，你们觉得中不中：我们现在拿去是能得大奖，你们是想得大奖呢，还是留下一个难忘的、经得起时间考验的不朽作品？"大伙儿讨论后，决定不参加，我们还有很多毛病，改完再说。《江姐》能成这样，回头一想啊，我们就是精益求精。你看毛主席看完了演出，我们还改呢。其实毛主席看完了，基本就肯定了。所以说这个作品到最后这个情况，说实在的，我自我表扬一下，我们这些创作人员真是下了功夫了，真是玩命了。不是故意玩命，确实是把我们感动了，没有最美的音乐给江姐，对不起我们这个女英雄，也对不起我们的前辈。演出完毕，我们在谢幕的时候，会念一念江姐留下来的遗嘱。她孩子托付给老彭的原配妻子，江姐就给她写封信，让她帮忙收养。念完这个信，大家再唱一遍《红梅赞》。每次演完，我怕这个场面，观众哭，作者哭。

为了这个，我个人出了问题，就是创作《江姐》时由于精神过度兴奋，所以就兴奋与抑制失调了，患上了严重的神经紊乱。每天就是江姐，就是感动，睡眠也不行了，血压也高了，最后身体垮台了，住了医院。基本上有一年时间，见人我就哭，怕声音，那时候我一看电影有冲杀什么的，我全部就不行，进食堂感觉就像打雷似的，我就住了医院神经科。他们老同志都去看我。有个小子过来，小心翼翼地喊“羊鸣”，我说“来啦”，他说“咦，你还明白”，我说这是神经科，它不是精神科。

问：您在创作完《江姐》后大病了这一场，也真算是为艺术献身了。可是我听说，您大病初愈，知道了文工团要进藏创作歌剧《风云前哨》的消息，医生都不建议您去西藏，但您还是义无反顾地要去。

羊鸣：《风云前哨》是刘亚楼司令员给的任务。《江姐》演出了，他就说，你们别在这庆功欢喜上沉醉了，给我写第二个。《风云前哨》是写我们北京拉萨通航，要建立航线，必须先派去一个天气预报站，把西藏那边的气候掌握好，咱们起个名就叫风云前哨，就这么个故事。这个故事也有真实原型。王建斌把剧本写好了，后来阎肃也参加了，我也非要去不可。最终医生和剧组人员拗不过我，就同意我去了。

我们到青海，坐的是军队拉货的那种军车，沿路都有兵站。在兵站，管你吃，管你睡，然后再检查你身体情况。我走到格尔木的时候，兵站医生说，“你，绝不能再走了，再走就有生命危险了”。我就这样被扣下了。我们一块去的还有金砂。医生也跟他说“你也不能再走了，你有心脏病”，就把我俩给扣下了。我们去西藏，一个是了解《风云前哨》，再有就是收集一些藏族的民歌我们好创作。被扣下怎么办？我和金砂临时决定就在青海。青海也有藏族群众，姜春阳和阎肃他们就直奔拉萨了。

我们在跟藏群众族收集一些民歌的过程中，出危险了，就是这个骑马。那次，我们要到一个藏族村。兵站的向导就说了，如果是到农村去，你得走两天，你要是从这走，过一条河，一天就到了。他们说，“我们从这走，我们的马挺听话的”。于是我和金砂就一人一匹马出发了。他们在前面带着我们。那是一条大河啊，他们在前面说“你们行不行啊”，我们说“行”，还没说完呢，“咣”一下子就掉下去了。主要就是因为高度缺氧、血压急剧升高，于是在波涛翻滚的大河旁，我们就从马上一头栽进河水里了。金砂先掉下去了，完了我也掉下去了。我们俩就看着马缰绳在水面上漂。这一下，大冬天的我们都快冻成冰了。于是，一行人又骑着马回兵站了，得回去烤一烤，最后我们还是拐了个弯到那个村去了。这《风云前哨》啊，是带病写第一稿，我也挺感动的。我们待到最后嘴唇都紫了，等从西藏采风回来，由于高度疲劳加上高原反应，我心脏的主动脉都弯曲了，动脉壁都变薄了。

问：我听过您的一首歌《我从新疆来》，您也不是新疆人，怎么能写出那么有新疆风味的歌曲呢？

羊鸣：我对新疆很喜欢。新疆这个地方，很有民族特色。我对民间音乐有一种特别的爱好，到了藏族群众那我把藏戏都学下来了。什么锅庄、弦子，还有一个叫囊玛的，囊玛是藏族的宫廷音乐，我都学了，掌握了大量的资料。到了新疆，我就专门研究新疆的东西，我看到大街上卖羊肉串的小伙子，广场上跳舞的小姑娘，他们的一颦一笑都有很浓厚的民族特色。石顺义把《我从新疆来》的词写出来后，刚开始我怎么弄都感觉不对，似乎缺少一种新疆特色。后来我在新疆一个朋友家的葡萄园里，听到卖羊肉串的小伙子在那大喊"哦，羊肉串要么，哦，好吃得不得了……"我突然灵感来了，加上一个"哦"字，不就有新疆味了。回去后，我立马和石顺义商量，把歌词改为"哦，绣花帽；哦，头上戴……"加上一个"哦"字，妥了，一下子新疆味就出来了。

问：《兵哥哥》这首歌旋律优美舒展，反映军人纯洁的恋情，很受年轻人喜欢，但您在创作这首歌的时候已经61岁了。

羊鸣：1995年，我和石顺义在长岛体验生活，看到有个战士的家属请了半个月的假去看他，结果遇到恶劣的天气上不去岛，等天气好点了，部队又出岛执行任务去了，半个月的假期到了都没能见上心中的兵哥哥一面。石顺义当时就有感而发，写下了《兵哥哥》。我跟石顺义说："这个词你给我。"我谱好曲后，首先让儿子拿到他们年轻人中去品评，让他们猜猜曲作者的年龄。没过几天儿子就告诉我说，"老爸，他们说了，写这首歌的顶多30岁"。这首歌在1996年春节联欢晚会上由宋祖英一唱成名。我记得有一次在部队演出时，歌手在台上唱着“边关的冷暖托付你，家中的事儿交给我……”战士们在底下听，突然有人喊“你就放心吧”，战士们竟然回答了起来。这样挺好，（歌曲）能引起战士们的共鸣，这就成功了。

问：从像您一样的老一辈艺术家的身上，我们真真切切感受到了那种为理想奋斗到底，困难面前永不低头的“红岩精神”，对于现在的军队文艺工作者来说，我们怎样才能把这种“红岩精神”更好地继承和发扬下去？对部队年轻的文艺工作者，您有什么建议？

2019 年，羊鸣接受本书作者采访（王晨光 摄）

羊鸣：我们军队就是要为人民服务。为劳苦大众求解放，粉身碎骨也心甘，这种带有气节性的精神是不变的，军队就是打仗，就是要玩命。作为文艺工作者，就是为人民服务的，这个永远都不能忘记。我十三四岁刚接触音乐的时候，我的启蒙老师、乐队队长就告诉我说：“音乐在哪里？音乐就在人民当中。要想创作出好的音乐，就必须到人民中去。”这是我一辈子在践行的几句话。创作的灵感不是待在办公室“挤”出来的，而是要多走出去，多和人民群众接触，创作灵感就会“流”出来。我觉得一个好的作品首先要感动人。要先感动自己，再去感动别人。如果你的作品只是一个假大空的空架子，连自己都不感动，还怎么去感动别人？我们要反对概念化，千万离“概念化”这几个字远点。上面出了一个口号，你就围绕这个口号去写，感动不了人，你得从生活来。我们必须把这个精神弄通、弄懂，你不能就是根据那个口号走。其次是一定要有根。你得有民族文化、有中国气魄。另外，音乐艺术是感动，它是从血管里流出来的，是灵魂的工程师。我们的生活要是光有枪杆子，光有冲锋，没有艺术，这个民族好不了。毛主席说了，没有文化的军队，那就叫愚蠢的军队。对军队的文艺创作者（来说），所有的创作都要抓住战士的所思所想。战士们需要的是什么？战士们想的是什么？要多从这些方面去想，要贴近我们脚下的生活。

（本访谈由袁丽萍、袁晓芳共同完成。袁晓芳，解放军报社长征副刊编辑；杨锐锋对本访谈亦有贡献。）

创作感言

艺术家的天赋

袁晓芳　袁丽萍

羊鸣老师健谈，3 个多小时的访谈，85 岁的他始终兴致高昂，说到动情处会自己打着拍子唱起来。我明白，音符和旋律是他的另一种语言，是心声的自然流淌。

他讲起 50 多年前在空军某部当了一年的机械兵，那时每天最开心的时刻就是看着战机起飞。“唰——”说着，他突然张开手臂，像孩子一样模仿战机起飞的样子，那种兴奋和自豪一如当年。

羊老说他最爱在民乐中吸收养分，捕捉灵感。他每到一个地方都会去收集当地的音乐，甚至是有特色的吆喝声、叫卖声、号子声也会留心。

艺术家的天赋可能就源于这份对事业的热爱，就源于这种纯粹。用羊老自己的话说：“我这辈子，不官不商只作曲。”

2019 年 5 月

根要扎在人民和生活中

——对话表演艺术家陶玉玲

陶玉玲，著名电影艺术家，国家一级演员，1934 年 10 月出生于江苏省镇江市，1949 年进入华东军政大学文艺系戏剧队学习。她参与演出了话剧《东海最前线》《霓虹灯下的哨兵》、电影《柳堡的故事》《霓虹灯下的哨兵》《没有航标的河流》《任长霞》、电视剧《光荣之旅》《张培英》等优秀作品。曾获金星奖电视剧优秀演员奖、“有突出贡献电影艺术家”荣誉称号（国家人事部、广电总局授予）、金鸡奖、百花奖、表演艺术学会终身成就奖等。二妹子、春妮、吴爱花、张培英……陶玉玲塑造了一系列深入人心的经典银幕形象，尤其擅长塑造女军人和军属，被观众亲切地称为“永远的二妹子”。

袁丽萍：您是如何走上军队文艺这条道路的？

陶玉玲：2019 年是我们新中国成立 70 周年。对我来讲呢，也是当兵 70 周年，我觉得是特别有纪念意义的事情。我出生在江苏镇江。1949 年 4 月，我的家乡镇江解放了。但是我那时候还小，还不知道解放军是干什么的。但是看到他们到我们学校那么守纪律，就印象很深。镇江解放那天，解放军文工团就在我们学校演出了《白毛女》和《血泪仇》。我之前从来没有看过这样的戏，原来世界上还有比我们更苦的人，这两部剧把我看哭了。当时想，我要是能参加解放军就好了。文工团作用太大了。当时演出的这个文工团是南京的高级步校文工团，后来就并到了现在的总政话剧团。

2019，陶玉玲接受本书作者袁丽萍专访（王晨光 摄）

没过多久，华东军政大学来到镇江招生。大学生啊、高中生啊、初中生啊，大家都报名了。我就跟着一起去报了名，有大同学带着我们。后来，家里人知道了。我妈妈当时就觉得不行：当兵，没见过女的还当兵。另外我才 14 岁，一天都没离开过家。她怎么都不放心我一个人走。我爸爸，不说话。他心里当然也舍不得。但是姐姐陶玉平对我说，你得去。说服父母后，我就跟我的几个同学报名进入了华东军政大学，被分配到文艺系，系统学习表演课程。

袁丽萍：在华东军政大学的这段学习经历，哪些事情让您记忆深刻?

陶玉玲：那会儿就在操场上打着背包，裹着绑腿，天天都是这样出操，士气高昂。陈毅是我们的校长，他的第一堂课给我印象最深，他说："同志们、学员们，我今天不说别的事情，只说'为人民服务'这句话……"他讲的就是为人民服务，讲人在这个世界上要干什么，要树立革命的人生观。革命是什么呢？革命就是要为人民服务。不管你做哪项工作，你都要很好地为人民服务。这堂课奠定了我革命的人生观，不管做哪项工作，都要很好地为人民服务。"为人民服务"这几个字，我记了一辈子，成了我一生的座右铭。

华东军政大学又锻炼了我的组织性和纪律性。我们每天必须得起床打背包、必须得裹绑腿，6 点钟出操，然后吃饭、上课。下午还要跑步、参加军事训练，晚上晚点名，然后坐下来检讨一天的生活，9 点钟就熄灯了。天天过这样有组织纪律性的生活，过了半年。当兵到现在，我还是一个兵，就是从那时打下的基础。

后来我们就要分系了。上海戏剧学院的胡润之先生，他当时也参军到了华东军政大学。像他这样，很多当时在上海很有名的知识分子，都非常爱国，都来当兵，后来我们学校就成立了文艺系。我就分到了文艺系，就有胡润之先生给我们上的课。这个启蒙老师真是太好了。胡老师给我们上的是什么，是演员的自我修养。教我们怎么演小品，演片段，怎么排练。就这样上了半年以后，文艺系就变成唯一的干部训练班。因为当时南京军区觉得，部队文工团都是要为战争服务的，但是在战争情况下，文工团的很多人都没有文艺理论，所以就要把这些干部，什么团长、队长、指导员啊，把他们调上来，到我们学校的文训班来学习。当时我们要毕业了，胡润之先生就留了几个人，当辅导员。这帮干部来培训了，我们去辅导。但其实我也没怎么演过戏，年龄又小，但这些干部都非常尊重我们，叫我们小老师。

当时，我们有个军事顾问是苏联的，他的妻子曾经是莫斯科一个剧院的导演，人家等于是来随军了。沈西蒙不知道怎么知道了，就说有个专家来了，这对我们表演训练班是个多好的机会啊。我非常有幸，跟着她排了两个戏。她对我好像也很感兴趣，要求可高了。她要求我们都要穿上裙子上课。她排的一个戏是《她的朋友》，我就演了个“她”，这个戏讲的是二战的时候，她父母双亡了，然后她的眼睛失明，她的朋友、同学们，怎么帮助她，最后在莫斯科把眼睛治好了，复明了。我就是演那个盲人。这个导演就把灯关掉，让我体会盲人的感觉是怎样的。要求我要演戏，还要演出盲人的状态。当时的演出效果很好。但是这个苏联专家的要求太严格了。当时演完了要点评，她问我：“你觉得自已昨天演得怎么样?”“我觉得很好，我很认真。”“你破坏了整个戏，破坏了高潮。”把我吓一跳，我想，我怎么就破坏了整个戏啊？她说，作为一个演员，上台以前，要全面检查，你最后到莫斯科，走向光明，一级级地上台阶，观众笑了，你听到没有？我当时精力很集中，我没听到观众笑，也可能人家是偷偷地笑。原来是高潮时那个场景，应该是我穿着一条白的纱裙子，小姑娘很美地走向光明。结果，这个裙子的后面，可能是我坐的时候没注意，拉了一根丝，就是一根线垂在后面。走一步，飘一步，走一步，飘一步。你说观众能不笑吗？她就批评我说，你作为演员，上场以前，你应该把任何事情都检查好。所以从那以后，就是我在上台前，我绝对要前前后后、左左右右检查个遍。作为一个演员来讲，舞台就是战场。关于演出受批评，这辈子就受过这一次批评，但我受益终身。

袁丽萍：您毕业后到前线话剧团当话剧演员，早期的话剧作品《东海最前线》曾在军内外产生重大影响，能讲讲当时的经历吗？

陶玉玲：后来我从华东军政大学毕业了，就分配到了华东军区解放军艺术剧院，就是后来的南京前线话剧团。当时院长是沈西蒙，就是写那个《南征北战》《霓虹灯下的哨兵》的编剧，沈亚威是副院长，都是很有艺术修养的人。

在排演话剧《霓虹灯下的哨兵》前，原前线话剧团到“南京路上好八连”参观（陶玉玲 提供）

《东海最前线》是我出演的第一个话剧，是编剧白文以东山岛战役为素材创作的大型话剧，我饰演的是女主角杨赛英。当时，东山岛战斗打响了，我们就上岛去慰问伤病员，然后白文就根据这个战斗情况，写下了《东海最前线》。这个戏我们排练好了，就去部队演出，几乎走遍了原南京军区负责守卫的大小岛屿。我们下部队的时候，太受战士们欢迎了。刚刚打完仗，我们就去慰问演出。演出完我们就喊：向战友学习！战士们就喊：感谢军区首长的关怀！

几年间，我从结婚到怀孕生孩子，都在演这个戏。曾经也很羡慕人家，你看地方文工团，可以演《茶花女》，世界的经典剧目都可以演。我们只能演我们部队的戏。作为一个演员来讲，我们这方面就是好像比较欠缺。但是再想想我们这些战士，他们为了国家、为了人民，能牺牲自己的一切。所以我们到部队演出，对我们来说就是心灵上的洗涤。你是部队的文工团，你就应该为我们部队服务，这个很明确。

话剧《东海最前线》剧照。该剧是编剧白文以东山岛战役为素材创作的大型话剧，陶玉玲饰演的是女主角杨赛英（陶玉玲 提供）

《东海最前线》在南京军区演完后就到北京演出，演得很轰动。我演女主角么，和剧中演员杨兆权的剧照还登上了《戏剧报》的封面。在北京打响了以后，我们就回到了南京，又不断到上海、南京等地去巡演。演到 100 多场，我们还在后台庆祝了。演出过程中最难忘的一次经历，是我们去福建云顶岩哨所，上面就一个战士在那儿站岗，我们就去为一个战士演出。我们坐的大卡车上陡坡时，驾驶员换挡一下子没换上，车开始往后溜，车后就是悬崖峭壁。我们团长马上喊，不准往下跳！大家就扒住了大卡车。车上挂着的背包，我们背着的挎包，就在那儿晃荡。大家到了福建买的橙子，唰，全掉地上了，滚在那个公路上。幸好有块大石头把车轮挡住了。团长说，我们行军上去吧，就行军上了那个云顶岩。给战士演出完了，很开心，回来也不用人家把我们送下来，还是徒步行军下山，我们就踏着月光唱着歌，很浪漫的。

袁丽萍：电影《柳堡的故事》是您的第一部电影，您因为塑造了“二妹子”这个经典人物形象而被人们所熟知和喜爱。

陶玉玲：如果没有《柳堡的故事》，我可能只是一个话剧演员。

1956 年，八一电影制片厂筹备拍摄电影《柳堡的故事》，导演王苹到处物色“二妹子”的扮演者。编剧胡石言、黄宗江看过我演的话剧，就向王苹推荐了我。那时我正下部队演出，他们就从南京追到了舟山群岛，最终在岱山岛见到了我。我们那会儿演话剧一般一场是 4 个小时，一天演 3 场，等于没什么休息时间，一直化着妆，我的眼睛得了麦粒肿，肿得很厉害。他们找到我，给我照相，我也没在意，肿着眼睛就拍了。我当时并不知道拍电影是咋回事。但是王苹导演说，我就是她要找的那个女孩，“她太朴实了，你怎么照她都不装，我要的二妹子就是要两个字——朴实”。一部影片的影响力和生命力要从生活出发。在江苏省宝应县柳堡镇，王导演让我们去深入生活，跟当地的孩子们一起蹬水车啊，跟他们一起去划船，跟着老乡去劳动。我们就住在老乡家，不像现在有招待所。我跟王导就住在堂屋里面，就这么两张长板凳架起来的木板，挂一个蚊帐，点一个煤油灯。我那个时候很感动，我睡一觉醒了，王导还没睡，她在那儿写分镜头，在那儿改剧本。当时，王导的丈夫刚去世，他俩感情好得不得了，所以我们大家都特别关心她。制片主任就把我跟王苹导演安排在一起，说一定要关心王导。其实人家王导还是非常坚强的，老说不用我们关心。我觉得，我作为一个电影演员，确实容易被观众记住，这也是一种机遇。说实话，我是碰到机遇了，碰到这么好的导演，这么好的团队。

电影《柳堡的故事》剧照（陶玉玲 提供）

电影拍摄了约有一年的时间，公映后在全国引起强烈反响，电影主题曲《九九艳阳天》也广为流传。在 1959 年国庆十周年招待会上，周恩来总理接见我时说：“你是在《柳堡的故事》里演二妹子的吧，演得很好啊，但不要骄傲。”那个场景我始终难忘。

我就这样跟柳堡结下了不解之缘。后来这个村成立了一个二妹子民兵班，训练、赈灾都是走在前面的，很拥军爱民。她们中好多人都是嫁给了解放军，是军属。班长到现在已经是第十三任了，我跟她们经常联系。她们现在是全国的模范民兵班，她们的行动都很正能量。所以她们需要我去的活动，我都尽量参加。

电影《柳堡的故事》剧照，陶玉玲饰演二妹子（陶玉玲 提供）

袁丽萍：这是您第一次出现在荧幕上，在电影中的表演跟您话剧上的表演感觉有什么不同？

陶玉玲：当然不一样啦。话剧呢，它有一个距离。在人民大会堂演出也要完全靠自己的声音，不像现在有麦克风啊，所以我们话剧演员的声音都是靠自己。虽然我现在 85 岁了，但是你叫我朗诵啊，我中气很足。那个时候也没有话筒，也没有带麦克风，最多就是在台边放几个那种小的话筒。演员那么多，一个《霓虹灯下的哨兵》，50 多个演员呢，每个人挂一个话筒，不可能的。话剧完全是真声的，更加真实，要求演员的语言能力也要比较强。

电影呢，还要掌握分寸，它更加生活。就像我们这样子聊天儿，你把它讲得像开会一样，就不真实了。所以电影要求的是比话剧更生活。你生活上是什么样就是什么样，别去演，在电影表演中越生活化越好。

电影是一个镜头、一个镜头地演。电影导演，他可以给你近景、给你中景、给你远景。演员自己你要有分寸感，等到给你特写的时候，你挤眉弄眼的观众可受不了。这话剧，它是整个儿的。你跟观众直接交流，演起来过瘾。演电影好像我在对着空人说话。没有对象的交流，站在那儿就是摄像机对着你。尤其是三个摄像机一起的时候，谁也不能站那儿。这时候就是演员的想象力。

袁丽萍：拍完《柳堡的故事》之后，您没有接着拍电影，而是继续演话剧了是么?

陶玉玲：拍完这部电影后，我又回到前线话剧团。这个时候八一电影制片厂来调人，但我们团里没放我。我们当时就是听党的话，组织叫干啥就干啥。我也没啥情绪，就继续在前线演话剧了。其实，当时拍完《柳堡的故事》后，中国第一部合拍片《风从东方来》就来找我了。片子的导演是甘学伟，他是长影的，团里也没让去。后来我参加电影节的时候，甘导演还跟我说，你看我到南京去，你们前线就不放。当时真的比较听话，不走就不走，在南京也挺好，所以我就没能去当电影演员。我就继续在南京，下部队，到东山岛、舟山群岛，到福建海防前线演出。

袁丽萍：话剧《霓虹灯下的哨兵》1963 年公演，是前线话剧团的经典代表作。您饰演山东老区女支前模范春妮，成为话剧史上的经典角色。

陶玉玲：话剧《霓虹灯下的哨兵》的剧本，是沈西蒙、漠雁、吕兴臣根据上海警备区“南京路上好八连”的事迹创作的。1963 年春天，漠雁在苏州为《霓虹灯下的哨兵》改最后一稿。他写信给我，让我准备出演春妮，说春妮就是根据我的特色和气质写的。话剧排练前，我在南京路上体验生活了 1 个月，和军属一起摘菜、做饭，和“好八连”

的同志们一起到路上去给群众修鞋、做好事。这部话剧在南京一演出就很轰动，我们又到上海、北京演出。在北京演出的时候，文化界的很多名人，像田汉啊，还有很多首长，像罗瑞卿总长啊，萧华主任啊，都来看了。萧华看了就特别激动啊，说军区写了这么一个好戏，还把我们几个带到颐和园逛。

陶玉玲在《霓虹灯下的哨兵》中饰演春妮（陶玉玲 提供）

这部话剧，周总理看了7次。他看了第一遍，回去之后跟邓大姐就一直聊，没睡着觉。他觉得特别的好。但是呢，要改。他觉得有几个地方不合理，还帮我改过台词。他问我，“春妮是什么文化程度啊？”我说是小学文化程度。总理又说：“小学文化程度写信写‘两小无猜’，大概写不出来吧？也不贴近生活，你看能不能改一改啊？”我就对总理说：“要不，我就说我和陈喜从小就一块在农村长大？”周总理说：“这不是挺好吗，这不比你那‘两小无猜’更生活化吗？”还有一个地方就是赵大大捡了钱包，到了最后一场，又碰到林媛媛的妈妈才把钱包还给人家。总理觉得不合理，你捡的东西不马上还给人家，那碰不到人家怎么办？他看得特别具体。我们就根据总理说的改。改了以后总理说要请毛主席看。

毛主席看完，当场就说，戏写得好，演得好，话剧是有生命力的。还跟我们集体合了影。总理很高兴，就请我们上他家里去吃饭，不是所有人，去了10个人左右。他说，我们把陈老总请来，请来陪你们。陈老总是我们司令员嘛。在总理家吃饭，我爱人是管我们的，他就先进去了。总理的秘书就跟他说，说你们每人交二两粮票吧，因为总理每月只有25斤粮票，你们这顿饭一吃，总理这个月就别吃饭了。我们那时候每月还36斤粮票呢，总理才25斤，我们每人就交了二两粮票。现在想起来，这件事情还是非常非常感人的。我们的国家领导人，真是跟老百姓同甘共苦。

袁丽萍：《霓虹灯下的哨兵》后来又被拍摄成电影，上映后引起非常大的轰动。

陶玉玲：拍电影还是原班人马，当时南京军区要求的，一个人都不换。这个要感谢总理和夏衍同志，把它搬上银幕。当时确定了八一厂和上影厂联合摄制。为什么呢？我们部队虽然演了这么多场话剧，但是要在上海拍戏，很多风俗习惯呀，还真的要依靠上影厂。说起上影厂，我真是太感动了。上影厂很多有名的演员，为了在这个南京路上恢复1950年的好八连的样貌，他们都跑来当群众演员。所以你才能感觉到，我们这儿就是过去的上海。如果没有他们，你现在抓一帮人来演，演过去的群众，肯定没有他们那么真实。上影厂的演员，来给你们跑群众，我们都很感动。

袁丽萍：观众觉得您的戏特别生活化，比如春妮，有人曾说，感觉您就是从山东来的妇女队长。大家都想不到您是出身江南的大家闺秀。对此，您有哪些体会？

陶玉玲：对于剧本，要有整体的深入领会。比如，春妮与陈喜的感情线上，有青梅竹马的爱情，还有在家乡共同战斗的生活。表演要投入、沉浸到情节中，要尽力体验角色内心的活动。塑造人物，既要有深刻的内心体验，也要有精湛的形体动作、语言、人物造型。

另外，就是演员要有生活。我刚到华东三野解放军艺术剧院的时候，并没有立即上台演出，而是到了山东张店的一个连队当兵。除了同战士们一起训练、摸爬滚打、当文化教员外，更重要的是我住在老乡家里，体验到了老区人民的情感。这是我第一次真正在农村生活。我住在一个双目失明的老大娘家。她的亲人大多在解放战争中牺牲了。我在那学会了用辘轳把汲水，学会了干庄稼地的活。这半年时间，我不仅熟悉了农村，而且也理解了老区人民对人民子弟兵深厚的感情。后来再演春妮等角色时，我就很容易找到感觉。

袁丽萍：1983 年上映的电影《没有航标的河流》，您在其中出演了角色吴爱花。这部电影 1985 年获得美国夏威夷国际电影节最佳影片奖。电影中有一出戏，让人印象深刻：分离 30 年后，遍体鳞伤的吴爱花巧遇盘老五，她没有泣不成声，而是控制住积压了多年的情感，苦苦地一笑，转身走了。导演吴天明评价您是“心似黄连脸在笑的表演艺术”，是一种很高的境界。

陶玉玲：这部电影是根据叶蔚林同名小说改编的，讲的是在河上放排为生的盘老五等人的遭遇。吴爱花是盘老五年轻时的恋人，是一个很悲苦的角色。我看小说时就很喜欢这个角色，演出也非常投入。当时我们拍摄，木排在湍急的河流上飞驰，非常危险，从来没有女人上去过。我觉得要体验一下放排的艰辛，就与男演员一起上了木排。当木排放到下游时，岸上的老百姓看到木排上有一个浑身泥水的女人，都很惊讶。我有过历经磨难的生活，也有在河流上放排的体验，所以塑造这个人物还算成功。虽然电影中我的戏份并不是特别多，但却是我表演生涯的又一个里程碑。

陶玉玲代表作电影《没有航标的河流》。该电影 1985 年获得美国夏威夷国际电影节最佳影片奖（陶玉玲 提供）

袁丽萍：1992 年，您凭借电视剧《张培英》中出色的人物塑造，获得了第 5 届全军电视剧评选“优秀表演奖”。您是如何通过表演打动观众的？

陶玉玲：从生活出发，演什么人就要像什么人。这部剧就是完完全全因为体验生活获得的成果，就是毛主席说的，生活是创作的源泉。《霓虹灯下的哨兵》也是来自生活，《任长霞》也是来自生活。任长霞的事迹当时很轰动，我们一起去到登封，去看望了她爸爸妈妈。她爸爸半身不遂，所有的全忘了，只会叫一个字，霞。他想他的霞。什么都不会说，就会说一个字，霞。那个场景让我特别受教育，当时我就落泪了。我就觉得，我们中国人啊，把自己的子女献给国家，自己忍受着巨大的悲痛，太感人了。我真是要向他们学习。

张培英这部剧呢，是有原型的。张培英她是我们原总后勤部的科研人员，在搞科研的时候发生爆炸，她的十指、脸部被严重烧伤。她出院以后，觉得自己不能做科研了，就做了校外辅导员。她身残志坚，非常感人。演出的时候，八一电影制片厂的化妆师给我做了假手，我的手指头一直是弯的，不能伸直。化着妆，我不能上厕所，所以我拍摄时基本不喝水。这个奖其实应该颁给张培英，我就是演了她，才赢得了观众的认可。我演过军人的妻子、妈妈、奶奶，后来我虽然得过 3 次癌症，但我想到我演了这么多的英雄，遇到困难时想想她们，就感觉特别有力量。

袁丽萍：对军队的年轻文艺工作者和广大观众，您有什么想说的吗？

陶玉玲：对演员来说，根要永远扎在人民中、扎在生活中。我的一生就是要做好两件事：做一个好党员、当一个好演员。活着的每一天，做一些有意义的事情。不忘初心，牢记使命，永远以文艺为武器为人民服务，这就是我的价值。

（夏董财对本访谈亦有贡献）

创作感言

笑容依然灿烂

袁丽萍

有陶玉玲的影迷说，开始喜欢她，是缘于她在电影中的笑脸。

《柳堡的故事》中二妹子对镜理妆的笑，《霓虹灯下的哨兵》中春妮初到南京路时的笑，都是那么甜美、清纯、淳朴。

这样的笑，留在亿万观众的记忆里，标志性地镌刻下陶玉玲的艺术个性。

戏如其人。生活中的她，热情、乐观、豁达。

某年盛夏，她去南京火车站慰问南下部队。她在闷罐车里朗诵诗歌，从车头一直演到车尾，十几节车厢走下来，满头大汗，依然笑容灿烂。

采访这日，她一袭红装，笑眼弯弯，始终微笑着，不减当年风华。

前段时间，我采访98岁的胡可老师时，他曾说，陶玉玲比我小十来岁，年轻。

的确，命运总会偏爱那些爱笑的人。

2019年6月

向生活要艺术的真善美

——对话作曲家傅庚辰

傅庚辰，著名音乐家，国家一级作曲。黑龙江双城人。1935年11月出生，1948年3月入伍，曾在东北音乐工作团、东北文工团、东北人民艺术剧院、中国人民志愿军文工团和八一电影制片厂工作，被中国文联、中国音协授予中国音乐金钟奖“终身成就音乐艺术家”称号。他创作有《星光啊星光》（与沪邑合作）、《战地抢收》、《志愿军战歌》（与白岩、王绍康合作）等5部歌舞剧，《欢庆舞曲》《节日舞曲》等10部管弦乐及60余部影视音乐和几百首歌曲。其中《雷锋》《地道战》《闪闪的红星》《歌唱大别山》《挺进中原》等一批影视音乐脍炙人口，广为流传；《红星歌》《映山红》《红星照我去战斗》《雷锋，我们的战友》《毛主席的话儿记心上》等军旅歌曲，在全社会产生深远影响，成为时代的经典。

袁丽萍：我看有资料说，您的作曲生涯几乎是与新中国的历史一同开启的。

傅庚辰：1948 年，我 13 岁，去考四野的东北音乐工作团。考官是刘炽，他问我是否认识五线谱。我说不认识，只会唱歌。我唱了一首《解放军天天打胜仗》。巧的是，这首歌就是刘炽创作的。刘炽很有才，他写了《工人大合唱》《我的祖国》《让我们荡起双桨》等歌。东北音乐工作团是我的音乐摇篮。等沈阳解放后，我到东北鲁迅文艺学院学习小提琴，后来分配到东北文工团，该团后来并入东北人民艺术剧院。在剧院时，我担任过《黄河大合唱》的首席小提琴。17 岁时，我参加慰问志愿军代表团，到了战事紧张的西海地区。1954 年到了东北音乐专科学院，就是后来的沈阳音乐学院，主要学习作曲。毕业后，我分配到志愿军文工团当创作员。这一路走来，我对音乐、对军旅音乐的认识越来越深。

1950 年，我写了小提琴独奏《秧歌舞曲》。这是我的第一首作品。

这曲子手法不复杂，但民族风格很强。我当时还不满 15 岁。那一年正好新中国刚成立不久，有外宾来东北人民艺术剧院访问。院长叫安波，就是著名的秧歌舞剧《兄妹开荒》的作者。他建议给外宾演出时要把《秧歌舞曲》加上，让外宾看看我们多有人才，小孩都能作曲、能进行小提琴独奏。出乎意料的是，演出刚结束不久，《秧歌舞曲》就在辽宁广播电台播了，很快就流传开来。我的第一首歌是 1954 年写的《花林中的少女》。我作曲，青年助教张黎写词。当时辽宁有个征歌比

1949 年 10 月 30 日，14 岁的傅庚辰与大姐傅蕴蘅合影留念（傅庚辰 提供）

赛，我就把这首歌报名了。这个歌主要是歌颂新生活，被评为了三等奖。这让刚成年的我有了信心，要一直在音乐创作的道路上走下去。

袁丽萍：您不到 18 岁时参加过慰问志愿军的代表团，1957 年又分配到志愿军文工团当创作员，两次到了朝鲜战场。那个阶段您参与创作的歌舞剧《志愿军战歌》在全社会都产生广泛影响。

傅庚辰：战场是非常残酷的，1953 年去朝鲜那次，敌军的飞机经常来轰炸，我们慰问演出完就躲进坑道和岩洞。两次上战场，确立了我的人生方向，让我知道什么是勇敢、牺牲、奉献，也让我感受到朝鲜人民对我们的深情厚谊。我写的几个作品，都是来自亲身经历和战地生活。有一个小型舞剧《战地抢收》，讲朝鲜老百姓种的粮食熟了，怕被美国飞机轰炸，志愿军帮忙抢收粮食。还有一个小歌剧《阿妈妮送米》。阿妈妮，朝鲜话是妈妈的意思。讲的是部队缺粮食，朝鲜妈妈就把她家里存的粮食送给志愿军。1958 年 10 月，中国人民志愿军作战部队全部撤离朝鲜之际，我们文工团要创作一个大型歌舞剧，就是《志愿军战歌》。这台晚会既是作为我们离开朝鲜的告别节目，也是回国后向祖国的汇报演出。回到北京到中南海演出，毛泽东、周恩来等国家领导人都看过。其中《告别朝鲜》与舞剧《战地抢收》《没有见过这样好的外国人》(即小歌剧《阿妈妮送米》)、大型歌舞剧《志愿军战歌》序幕诗四部作品在志愿军文工团向祖国汇报晚会上首演。刘汝舟同志是导演，黎汀、李云棋等编剧作词，韩承万、崔惠莲等编舞，白岩、王绍康和我作曲。其中有一首歌《告别朝鲜》，我印象非常深刻。

袁丽萍：能详细讲讲这首《告别朝鲜》吗？

傅庚辰：这首《告别朝鲜》，后改名《中朝友谊之歌》，是抗美援朝的结束曲，非常形象。事情的本末是这样的。当时是 1957 年 2 月份，周恩来总理受朝鲜人民政府首相金日成邀请出访朝鲜，并举行会谈，研究关于“劝说”中国人民志愿军撤军回国的问题。此后，我们一兵一卒都不留，志愿军全都撤离了。联合公报一公布，双方国家全都动起来。当时就给我们任务，要创作节目。白岩、王绍康和我三个人成立了一个创作组。

去哪里找创作灵感呢？我们想到，上甘岭战役非常激烈，最后一仗也是在那里打的，决定去上甘岭地区。事先我们只是在很多宣传中了解到上甘岭打得多么惨烈，山头都被削低了好几米、石头都打碎了什么的。真正到现地看的时候，才发现那真是惨不忍睹啊。5 年过去了，上甘岭的石头依然是酥松的，一脚踩上去就陷入石灰中。随便走几步，就会发现美军的破皮鞋和钢盔，再往那山谷一看，美军的大炮、坦克残骸比比皆是。大家看后非常有感触，再加上我们在朝鲜的所见所感，很快就有了灵感。词作家黎汀在路上就把歌词写完了，跟着我就把曲子写出来了：

车站上人山人海，红旗飘扬。
志愿军告别朝鲜，要回家乡。
志愿军拥抱着朝鲜母亲，阿妈妮含着泪话儿长。
千万叮咛的话儿，像儿子告别亲娘。
是谁打击了长鼓，阿妈妮唱起歌谣……

歌词感人，旋律也很抒情。这首歌先写志愿军与朝鲜人民告别的话，再写朝鲜人民为志愿军做的事，最后写中朝人民的深厚情谊，赞扬了中朝两国人民用鲜血凝成的伟大友谊。歌曲吸收了三拍子朝鲜音乐节拍的特点，并运用力度、调式的对比把情感表达得淋漓尽致，既有轻声委婉唱出的“志愿军拥抱朝鲜母亲……像儿子告别亲娘”，小调色彩，生动地再现了志愿军和朝鲜人民难舍难分的感人场面；也有强力激扬唱出的“啊，伟大的友谊……团结的无比坚强”，大调色彩，歌唱了中朝人民伟大的友谊。

朝鲜人民军跟我们的情谊真的是难舍难分。有一个细节，我至今难忘。回国的时候，我们住的地方离火车站其实不远，但是一直走了两个半小时走不动，为什么呢？因为我们走的时候，都是被三个人架一个这样走，东北叫骑高立马。就是一个人跨在另一个人脖子上，后面两个人扶着。我们代表团就这样一个一个被架着走，那当然慢了。而且每个来欢送的朝鲜群众，都跟你握手。朝鲜人民特别爱表现感情，握手特别使劲儿。等我一上火车，首先是没法下脚，火车上地板上全是木梨，这是朝鲜当地很名贵的一种梨，都铺满了火车地板，我就得踩着座位的边过去。等我找到位置坐下来之后，我就发现我的手怎么火辣辣地烫。一看手上都起泡了，就是握手握的，这真是太用劲儿了，你要不切身体会，是不会相信的。

因为在这首歌里面，饱含着中朝友谊，饱含着一种真挚的感情在里面，所以这首歌很受欢迎，在朝鲜很受欢迎，在国内也受欢迎。后来国家领导人去访问朝鲜的时候，把这首作品作为礼品赠送给朝鲜，并改名为《中朝友谊之歌》。

回国后我们也在很多地方演出过。回到北京到中南海演出。毛主席、周总理他们都看过。之后新闻电视制片厂拍了个反映抗美援朝的大型纪录片，叫《较量》，主题曲就用这首歌。

历史已经过去，但它所留下的记忆将永存。虽然是一首歌，但是我对它的印象却是刻骨铭心的。作为象征着抗美援朝的结束曲，它不仅见证了中朝友谊的难舍难分，更是能够让人追忆那段艰苦的岁月，警醒后世。

袁丽萍：您后来投身电影音乐创作中，是怎样的契机？

傅庚辰：从朝鲜战场回来后，志愿军都解散了，文工团也不可能保留。随后各单位都来要人，认为我们是经过战争锻炼的，各方面素质肯定不一般。就在这时，金日成来中国了，他跟总理建议，说志愿军文工团一入朝就来了，并且是最早一批入朝的，说我们对中朝友谊做了很多工作，希望不要解散，继续发挥作用。然后周总理就指示文工团先不解散，改名叫总政歌舞二团，总政歌舞团在北京，由沈阳军区代管。就这样，用这个名义保留下来了。但是过了大概两年的时间，还是宣布取消这个编制。领导对大家还是非常关心的，充分征求大家意见。当时有几个方向，解放军艺术学院、总政歌舞团、工程兵文工团，还有八一电影制片厂等。我当时写了几个作品，也小有名气，八一厂也愿意接收我，很顺利。我调进八一电影制片厂是 1961 年，那时候才 26 岁，之后一直在那工作了 22 年，我的整个青春都奉献给了八一电影制片厂。

傅庚辰 1963 年于雷锋生前所在部队体验生活的笔记（傅庚辰 提供）

之所以想进入八一电影制片厂，是因为我当时想写电影音乐，并且当时电影音乐传播速度快。只要你写得好，它很容易传播出去，影响力要大。就比如我们撤军那年，朝鲜歌舞剧院的人来志愿军总部慰问。我们白天给他们放的一部电影叫《柳堡的故事》。当天晚上他们歌舞剧院舞蹈演员就把里面的主题曲《九九艳阳天》编成舞蹈，给我们留下很深的印象。八一厂的老同志王苹导演，跟我说过：“电影与歌曲都是非常重要的。”她带着《柳堡的故事》去莫斯科参加电影周，电影周还没结束，电影主题曲《九九艳阳天》的歌就在莫斯科流传开来。往往别人还不了解这个电影，最先熟悉、印象最深的就是电影中的歌。我在朝鲜就有这样的体会，所以我就很希望能够接触电影音乐，这下也算是得偿所愿。

袁丽萍：1964 年 3 月，在毛主席发表“向雷锋同志学习”题词的第二年，由八一电影制片厂出品的故事片《雷锋》上映，电影主题曲《雷锋，我们的战友》随之迅速在祖国大地唱响。但在那之前，广为传唱的雷锋歌曲已经有《学习雷锋好榜样》《八月十五月儿明》《接过雷锋的枪》等好几首了。您是如何在一个大众熟悉的领域另辟蹊径的？

傅庚辰：我第一次创作的电影歌曲叫《英雄坦克手》，并没流行，但不失为一次经验积累。我写的第二个电影歌曲就是《雷锋》。

1981 年，傅庚辰教战士们唱电影《雷锋》主题歌（丁建伟 摄）

那个时候是组织分配任务，给我分配的电影叫《岸边激浪》，是关于反特题材的。当时，我们音乐组成立三人小组，我们组的任务主要是写故事片。我们组长叫巩志伟，给他分配写《雷锋》，还有一个叫李伟才，给他分配另外一个片子，他们都没什么问题。就这个《岸边激浪》

的这位导演，他跟我直说："傅庚辰，我是第一次独立指导片子，我是新手，你也是新手，那咱这个片子不是就要糟糕吗？咱们都是新手，很难成功。"他已经跟领导提出来，希望巩志伟同志跟我换一下，叫我去写《雷锋》。就这样我就写了《雷锋》，他们两个就写《岸边激浪》。我其实挺高兴，我能写个《雷锋》也很好，我对雷锋十分敬仰。就这样，我意外地成了《雷锋》的作曲。我当时才27岁，觉得能让我写歌就挺好。

为《雷锋》写主题歌，是个光荣而艰巨的任务。我憋着股劲儿，想把这个歌写好。带着压力和动力，我到了雷锋生前部队体验生活。去之前，我请沈阳音乐学院的一位教授写歌词。他很快写好了词，叫《高岩之松》，把雷锋比喻为高高岩石上长出的一棵松树，以显示雷锋精神的高大。我当时觉得这个形象鲜明、立意突出。我很快谱好曲子，还给教授唱了，他很认可，我也挺满意。我就带着这个歌谱到雷锋部队去了。在部队里，我和战士同吃同住同劳动、同训练同学习，还帮着雷锋开过的那辆"嘎斯"十三号车的司机修理车子。这期间，我5次采访培养雷锋入党的指导员高士祥，两次采访雷锋的战友乔安山，参加了雷锋班的班会，还到雷锋当校外辅导员的学校去找校长、老师了解情况，到雷锋劳动过的鞍钢工厂参观。

雷锋的战友们给我讲了很多他日常的事情。比如，雷锋把自己有限的津贴，以战友的名义寄给战友家里。吃饭不小心掉在地上的饭粒，雷锋要捡起来吃掉。周日他们放假出去玩，有战士口渴了到街上买汽水、冰棍解渴，雷锋是用军用水壶带水喝，还提醒战友："带来的水不是一样解渴吗，何必花那些钱呢？省点钱买几本书学习学习、提高提高多好。"乔安山说，有一次雷锋生病发烧，还去帮助附近的小学盖房子。在电影《雷锋》里，有一首歌叫《为社会主义大厦多添一块砖》，唱的就是这个真实的故事。对我触动最大的，是参观连队的一个展览。当时的展厅是个小土房。我在那儿，见到了雷锋的"节约箱"，里面有雷锋从外面捡回来的螺丝钉，还有他穿过的补了又补的袜子、衣服鞋子什么的。就像毛主席说的，一个人做一件好事并不难，难的是一辈子做好事。雷锋做的每一件事单个看起来可能觉得是小事，但正是这些生活中说不完道不尽的小事，塑造了他不朽的人格。

于是，我发现问题了，“高岩之松”不是雷锋的特点啊。你要说这是董存瑞、黄继光可以，但是这不是雷锋。雷锋是在一点一滴的日常生活中展现了伟大精神，他的特点应该是伟大寓于平凡。雷锋也说：“人的生命是有限的，可是，为人民服务是无限的，我要把有限的生命，投入到无限的为人民服务中去。”这是很不容易的。概括起来，我认为，雷锋精神就是为人民服务的精神。这是他的特点，而不是战场上的流血牺牲。雷锋是属于和平年代的英雄。我有了这个认识后，就毅然放弃了《高岩之松》。但那位教授无暇修改，我只好自己作词作曲。

关于雷锋的歌，当时已经有好几首成功之作了，比如广为传唱的《学习雷锋好榜样》《唱支山歌给党听》《八月十五月儿明》《接过雷锋的枪》等。如何在一个大众熟悉的领域另辟蹊径？我想如果我写得雷同了，那老百姓也不见得愿意听，我要有新颖的地方。

从部队回来后，我每天苦思冥想。有一天晚上，夜里 12 点多钟了，我也累了，就靠着床头想休息一下，但脑子还是停不下来。我一直在想：怎么体现伟大寓于平凡？音乐主题应该用什么样的？突然，“雷锋，我们的战友，我们亲爱的弟兄；雷锋，我们的榜样，我们青年的标兵”，这两句带着旋律的词在脑海里冒了出来。我一激灵，主题找到了，这里面伟大和平凡都有了。我马上翻身起床，拧开台灯，记录下来。但是词还没有，那就先把曲子写下来。顺着这两句词，我一口气把全部曲调都写了出来，如释重负。虽然就只有这两句词，但我心里有了底。第二天，我又赶紧就这个主题把歌词填完整。

歌曲我采用了进行曲的样式，强调前进的队伍不可阻挡的感觉，代表一种时代的声音和革命队伍的气势。创作，就应该追求自己的独特风格。这个主题果然得到了大家的认可。这首歌传唱开之后，我收到很多人的来信，找我要这首歌的曲谱。

《雷锋》电影音乐的创作对我来说具有里程碑意义。它让我明白了两个道理，一是艺术要扎根生活，要深入人民。创作要向生活要灵感，要激情，要艺术的真善美。如果说这首歌有一些新颖的地方，那得益于我十分虔诚地深入雷锋部队的生活。我是深入生活之后才发现了雷锋的独特之处，才创作出一个贴合他的音乐形象。另外就是创作到一定高度时，你能不能更上一层楼，就在于是否能够坚持、能够迎难而上。为山九仞，功亏一篑。你走了九十九步了，你一步步走累了，想歇一歇，休息坐一坐，那就起不来了，所以不能停。创作道路上，苦思冥想不能停，要一直很努力。我后来写《地道战》《挺进中原》等，都是秉着这样的创作精神完成的。

袁丽萍：您为电影《地道战》创作的音乐，历久弥新，非常经典。尤其是主题曲，“地道战，嘿！地道战，埋伏下神兵千百万”，差不多是人人会唱。

傅庚辰：《地道战》这首歌，说起来也是深入生活的结果。当初接到为电影《地道战》创作音乐的任务时，我还在北京，就随手写了几句曲调，但总感觉不太对。我觉得还是要到打地道战的河北冉庄去看看。到了河北冉庄后，我钻了各种各样的地道，跟影片顾问交谈，跟打过地道战的老民兵交谈，看这个看那个，地道战在我脑海里有了具体鲜活的形象。我才发觉，原先那几句我写得像白水一样平淡无奇。有一天早晨，摄制组去拍外景，我跟在他们队伍后边，一边往外走一边想这个歌。出了院子，是一条土路，往前是一片庄稼地。马上要进入庄稼地时，我脑子里忽然闪现一句：“地道战，嘿！地道战，埋伏下神兵千百万！”这就是苦思冥想的结果，量变到质变了。我赶紧掉头往回跑，进屋趴在炕上一口气把谱写完了。

袁丽萍：您为电影《闪闪的红星》所写的几首歌曲，都流传很广。比如《红星照我去战斗》，比如《映山红》，到现在依然在年轻官兵中传唱。

傅庚辰：我本人是特别喜欢《映山红》的，你看这个书法，是有人专门给我写的，就是《映山红》的歌词。这个歌是首计划外的作品。1973 年 10 月 29 日，我带着主题歌歌词和第 4 稿文学剧本上的歌词，到达《闪闪的红星》电影摄制组拍摄地江西鹅湖村，井冈山旁边一个小山村。摄制组跟公社大队商量借了一间土房给我住。外面是大队办公室，里屋给我住。条件比较艰苦，只有一张桌子一个硬板床，当时已经是初冬了，屋里连炭火都没有，但我很兴奋，能有个单独的房间专心地写歌了，就觉得很好。我夜以继日、通宵达旦，差不多每天写出一首曲子。11 月 14 日，我写完了剧本中所有的歌曲，也完成了全部乐队伴奏总谱，得到摄制组认可和通过。就在我们准备要录音前，我偶然间看到了文学剧本的第 3 稿，里面有一首歌词："夜半三更盼天明，寒冬腊月盼春风。若要盼得亲人回，岭上开遍映山红。"给我的是剧本第 4 稿，上面没有这个歌词。这个歌词很打动我，我想写成歌。但《映山红》的位置上，已经有了 3 首歌词，《手捧红星盼红军一》《手捧红星盼红军二》和《热血迎来红旗飘》，我已经谱好曲子，导演和摄制组都通过了。要是再写《映山红》，这 3 首歌都要放弃，前面的劳动白费了。留给我的时间很紧，马上要开始录音，我只有两天两夜的时间。写不写？我做了一下思想斗争，写！这个歌词太有感觉了，我只用了两个小时就把曲写出来了。歌里融合了山歌、民调，比如江西的"采茶戏"等，而且它诞生在动乱年月，人们很少能听到这样的抒情歌曲，所以这个歌一出来，就受到大家欢迎。

我创作完主题曲《红星歌》后，发现影片还应该有一首男声唱的歌，这样女声唱、儿童唱，加上男声唱，就比较丰富。我又仔细研读了剧本，决定在竹排流水那场戏中插入一首男高音的歌曲。这个歌录完后还没有名字，录音现场我就找同志们征集歌名。后来合唱队的一名叫魏梦军的同志给我写了信，建议命名叫《红星照我去战斗》，就这么定下来了。

在电影创作中，作曲往往是被动的，要按照编导规定和文学剧本进行音乐构思，曲子长短要按照秒来计算，要受到内容和画面的限制。所以电影音乐要有所突破，就得想点办法。作曲家应该变被动为主动，在理解编导对音乐创作的要求下，仔细分析、推敲剧本，要敢于大胆想象，要做好吃苦准备，才能发现好歌、写出好歌。

袁丽萍：在您看来，这些歌曲经典在哪？为什么能一直流传？

傅庚辰：第一，这些歌反映人民心声，是从人民心里面爆发出来的。比如《映山红》，潘冬子在夜半的时候，把他爸爸给他的红星拿出来，就问我爸爸和红军什么时候回来，他母亲怎么回答他？潘冬子的母亲知道红军到哪了吗？她不知道。她知道红军什么时候能胜利？也说不出来。但是凭她的向往，她相信红军一定会打胜仗，一定会回来。她不由得发自内心唱出歌声。我们创作要以人民为中心，要反映人民的心声。就是这个意思。

第二，它们是人民的语言，曲调里有民歌、戏曲，是人民熟悉和喜欢听的，素材是群众的故事。比如《红星照我去战斗》采用的是山歌式的旋律，融合了赣南客家民歌风味的音调，歌曲更抒情，更婉转动听。再比如《地道战》，曲子里融合了河北梆子、老调、哈哈腔等，使用了口语特点的呼喊式音调，借鉴了传统音乐中"句句双"的创作技法。民间音乐我是很熟悉的，在沈阳音乐学院学习时，院长劫夫要求我们每人背诵50首民歌、学习两种戏曲，我学的就是河北梆子和评剧。

袁丽萍：对现在的年轻音乐创作者，您有什么建议给他们？

傅庚辰：第一条，关键要走一条以人民为中心的创作道路，要为人民创作。这个路是必须明确的。我可以举个例子。聂耳只活了 23 岁，真正搞音乐创作的时间只有 4 年多。还有冼星海，他生活极其艰苦，才 40 多岁就去世。他们为什么有那么成功的作品呢？因为他们走了一条正确的道路，为人民创作。要和他们相比较，我们现在条件太优越了，怎么就不能写出来好作品呢？

二是生活是创作的源泉，一定要认真地去体验生活，从生活中要灵感。你得确实做到。写《歌唱大别山》时，我是被大别山的故事感动

2019 年，傅庚辰接受本书作者袁丽萍采访时留影（王晨光 摄）

了。这个《歌唱大别山》也是电影里没有这歌，但国家主席李先念提出来，大别山牺牲了 30 多万人，难道还不应该有个花儿香吗？他是在大别山的时候就当过师长，经历过艰苦的岁月，就下指示了。摄制组就急忙找我。我也觉得应该有，我在大别山时了解到的那些故事很感人。有一对小夫妻刚结婚 3 天，丈夫就要去打仗了。妻子送丈夫到桥头，丈夫回头说是胜利再回来。结果等了 30 年也没回来，妻子等白了头。她还不知道其实丈夫刚过离别的那座小桥就已经牺牲了。我听了就非常心酸。因为我当时没有歌词，就上七里坪接着体验生活，寻找素材，七里坪是当时四方面军的总部。我在七里坪待了一周，也没有找到什么很具体的素材。后来我又回到麻城，一天晚上看样板戏《红灯记》时，我脑子突然灵光一闪：亲爱的红军哥啊，你离家上前线，家乡的一草一木多留恋……我觉得这个情境是我要追求的，它甜中带酸。新婚 3 天就走了，妻子一直望到 70 岁，还不知道其实丈夫已经牺牲了。这是什么样的精神？我们的革命最终胜利了，如果没有人民牺牲怎么可能？这种感情我回想起来都有点鼻酸，有时候我就不敢唱这个歌。所以一定要认认真真地去体验生活，从生活中要灵感。

三是不要怕吃苦，作品都是苦思冥想到一定程度才得到的。

傅庚辰接受媒体采访中（傅庚辰 提供）

袁丽萍：2014 年您词曲兼作的《中国梦》入选“中国梦主题第二批新创作歌曲”。现在每年您都还有创作，这种激情很难得。

傅庚辰：《中国梦》那个歌半个月我写了 22 份手稿，逐字逐句推敲斟酌。党的十八大之后，我创作了一些新作品。2012 年创作《自个儿的事儿》，2013 年写了《老百姓的雷锋》，2014 年写了《中国梦》，2015 年写了《航天进行曲》，2016 年是刘华清同志诞辰 100 周年，我以他为主题写了《忠诚》等，每年都有新作。我为什么这么热衷于创作新作品呢？因为我发自内心地热爱我们的党，热爱我们的国家，是党和国家把我从小培养到大，我应该为国家、为人民做事。这是我这些年一直不变的初衷。

（高彦会对本采访亦有贡献）

创作感言

天赋与奋斗

袁丽萍

采访这天，老爷子一身戎装，神采奕奕，英姿焕发。这身军装，是抗美援朝战争结束后，我军特别发放给志愿军文工团团员的新军装。我能感受到这身特殊的军装在他心中的分量。

15 岁创作小提琴独奏曲，18 岁跟张黎合作写歌获奖，23 岁谱《中朝友谊之歌》……他的作曲天赋让人赞叹。

他却说："不要偷懒，要迎难而上。走了 99 步，也不能歇。"

的确，成功的艺术家，需要天赋，更离不开奋斗。

寒冬时节的那间小土屋，夜间长明的那盏台灯，那些被毅然舍弃的成品歌谱……都见证着他的奋斗。

歌曲《中国梦》，已经 80 岁的他半个月写了 22 份手稿，逐字逐句、推敲斟酌。

翻看着手稿上一丝不苟的字迹，那首小诗响在耳边：

成功的花/人们只惊羡她现时的明艳/然而当初她的芽儿/浸透了奋斗的泪泉/洒遍了牺牲的血雨。

2019 年 5 月

歌声永远为战士服务

——对话歌唱家克里木

克里木，维吾尔族，1940 年出生于新疆，是中国著名歌唱家、优秀舞蹈表演艺术家、国家一级演员、全国民族团结进步模范个人。在长期的艺术实践中，他创作并演唱了大量富有民族特色的作品，2016 年荣获第十届百花奖艺术大会“顶级艺术家”荣誉称号。他演唱的《日夜想念毛主席》《掀起你的盖头来》《达坂城的姑娘》《阿凡提之歌》等歌曲，将新疆少数民族文化展示给全国各族人民，产生广泛影响。他创作的《库尔班大叔您去哪儿》《颂歌献给亲爱的党》《塔里木河》等歌曲，脍炙人口，广为流传，鼓舞了一代又一代的边防军人。

袁丽萍：我看资料中说，您是 11 岁时参的军。当时是怎样的情况？有怎样的故事？

克里木：我出生在新疆一个艺术工作者家庭。我的父亲阿布都古力，外号“金唢呐”，是吐鲁番乃至新疆地区有名的演奏家。我的母亲也是当地有名的舞蹈家。1950 年的国庆节，我的父亲到北京参加民族团结晚会，为国家领导人演奏了《东方红》，毛主席都为他的精彩演出鼓掌。回到新疆，父亲难掩激动，把家里人叫到跟前，说：“共产党好，毛主席好，我们当兵！”

1951 年，我的父母亲都顺利加入了部队，但我那时只有 11 岁，还是个孩子。部队一开始不收我，我为此还哭了鼻子。部队领导便问我会什么，我说自己会唱歌会跳舞，现场唱了一首新疆伊犁地区的民歌《牡丹汗》，又打了一段手鼓。部队的领导觉得我表现得很不错，这才破格让我入了伍。就这样，我们一家人参军到了民族军第五军文工团。当时团里的战士们很喜欢我这个小兵。我们去部队演出，经常一行军就是一百多里，路上我走不动了，战士们就抱着我、背着我。到了演出的地方，我就跟着去唱歌跳舞。就这样，在这个温暖的集体里，我开始了文艺兵的生活。文艺兵啊，我这一当就是一辈子。一直到现在，快 80 岁了，我觉得我还是个文艺战士。以前在多个场合，我都曾说过，“能成为一个解放军文艺工作者，我是非常自豪的”，真心就是这么觉得的。

袁丽萍：您演唱的歌曲非常多，第一首产生影响力的歌曲是什么？

克里木：1957 年，我 17 岁，第五军文工团跟新疆军区文工团合并了。合并前，从五六十个人里边挑十几个人到新疆军区文工团，里面就有我。所以，我就这样调到了新疆军区文工团。调动工作的第二年，库尔班·吐鲁木大叔感恩毛主席，到北京见毛主席的故事流传开了。王洛宾，当时我们新疆军区文工团的词曲作家，他知道这个故事后，就连夜写了首歌，就是《日夜想念毛主席》。歌写出来，得找人唱啊，他挑来挑去，“这首歌叫克里木唱合适”，就这么交给我了。

我那时候还不到 18 岁，也正年轻气盛，什么事都不怕，交给我唱，那我就唱好。可是，怎么才能唱好这首歌呢？我就开始反复琢磨如何进到歌里去，如何更准确、更饱满地传递歌曲的情感。我想到自己的经历，想到身边人、身边事，我觉得，这首歌最重要的就是要唱出库尔班大叔对毛主席的深厚感情。而要做到这一点，就要发自内心地、真正地拥护党、拥护毛主席，就要做到“在舞台上，我就是库尔班大叔”。最后，我觉得一定要带着感情唱。演唱时，我就穿上新疆民族服装，尽力揣摩一个边疆少数民族农民兄弟对党和毛主席的感激之情。在舞台上，我就是库尔班大叔。这首歌首次演唱就很成功。因为歌曲本身写得好，写出库尔班大叔的内心感受，反映新疆人民解放后过上幸福生活的激动心情，再加上载歌载舞的表演形式，让歌曲更加有表现力。这首歌后来参加全军第二届文艺会演，获了奖。我还在 1959 年 10 月 1 日庆祝新中国成立 10 周年庆典中来到北京，登台演唱了这首歌，实现了“跟父亲一样，登上国庆演出舞台”的心愿。

袁丽萍：从此，您就与“库尔班大叔”结下了缘分。新疆军区文工团的演出舞台上，多了一个维吾尔族好巴郎用汉语来演唱新疆的歌曲。那这首歌跟您后来创作的《库尔班大叔您去哪儿》有什么关系吗？

克里木：我唱《日夜想念毛主席》获奖后，1960 年就被调到了北京原总政歌舞团，从那时开始一直到现在。1963 年冬天，团里的词作

克里木创作演出的很多歌曲都充满民族特色，体现边疆军民鱼水情深，载歌载舞的表演形式受到观众欢迎。图为克里木演唱《库尔班大叔您去哪儿》的场景（克里木提供）

家陈克正老师、曲作家彦克老师想为参加全军文艺会演写首歌。我们仨就住进了八一厂的招待所，天天琢磨。大方向肯定是跟解放军相关。后来陈老师想到了一个题材，就是一个边疆农民非常热爱解放军战士，披星戴月上哨所送哈密瓜、葡萄，送核桃，慰问战士们。陈老师知道我是新疆的，就让我一起创作。彦克老师没去过新疆，就找我帮忙提供新疆音乐的素材。他是山西人，已经是很有名的作曲家。当时他是上校，20世纪 60 年代我们总政歌舞团的团长才是中校。在他们面前，我本来很惶恐，不敢说什么意见建议，但两位老师非常谦虚亲切，问我事都是说"请教"，印象非常深刻。我们决定还是用库尔班大叔这个人物。彦克老师没去过新疆，我就提供新疆音乐的素材，把小时候看父母表演和听到的民歌旋律唱给两位老师听。这是我第一次参加创作。

袁丽萍：这首歌后来在 1964 年全军文艺会演中得了奖，一直流传到现在，可谓经久不衰，而且现在您还经常演出这首歌。

克里木：演唱这首歌曲时，我还是穿上新疆农民的服装，留着两撇翘胡子，还是载歌载舞地表演。这首歌出来后，我到部队唱，非常受欢迎，因为它里面有生活、有故事、有情感。你想，一个普通老百姓都想着去慰问解放军，想着家里有什么好吃的都拿上，说明我们解放军太可爱了。那时候，去部队慰问演出的节目独唱少，像我这种表演唱更少，而且这首歌还代表着人民热爱解放军的心声，所以极受欢迎。每次演唱完，我根本下不了台，就被战士围着，战士争相上前和我握手。2009年春天，我去参加电视台一个活动时，碰到一个在西藏阿里地区当兵当了30多年的女同志。阿里地区的条件非常艰苦，前些年更是缺衣少食。她很激动，说我们那很苦，当年在部队听了您唱的这个歌，就一直想着库尔班大叔送的葡萄、核桃、哈密瓜该多好吃啊。我很受感动，就给她现场唱了一遍这首歌。表演完了，观众都站起来热烈鼓掌，那个场景是非常感人的。

袁丽萍：我觉得这掌声是献给为国奉献的边疆军人，献给感人的军民鱼水情深，也是献给您的。您唱着这些歌，担当了民族文化的传播者。如今，一说起新疆地区民族特色歌曲，许多人首先想到的便是《掀起你的盖头来》和《达坂城的姑娘》。这两首歌的汉语版，都是您唱响的。您也因此被人们称为用汉语演唱新疆歌曲的第一位维吾尔族歌手。

克里木：新疆的民族文化很可爱、很精彩的，我有义务、有责任将丰富多彩的新疆民族文化传播出去。这两首歌曲本身就非常动人，能流传开离不开时代和人民的需要。

克里木演唱《掀起你的盖头来》的场景（克里木 提供）

《掀起你的盖头来》是乌孜别克族民歌，本身是一首婚礼歌曲，名字叫《黑眼睛》。王洛宾将其翻译成汉语，曲调未作变动。适逢20世纪60年代，内地很想了解新疆但又缺乏渠道之时，新疆军区文工团便组织力量，准备把这首歌曲唱给广大汉族朋友听，就选了让我来唱，我便成为用汉语演唱这首歌的第一人。

说起《达坂城的姑娘》，我更是感念在心——我与夫人古兰丹姆便是因为这首歌定下的婚期。当时我调到总政歌舞团后，古兰丹姆还在新疆歌舞团工作，我们开始了“异地恋”。1964年6月30日，总政歌舞团与刚从越南访问归来的新疆歌舞团一起，为国家领导人演出。我当时唱《达坂城的姑娘》，古兰丹姆正好是伴舞。表演过后，周总理笑着说，明天是“七一”，就给这两个年轻人办婚礼吧。我们俩一生都难以忘记周总理对我们的关怀和期望。

袁丽萍：有文艺评论家曾说，您的演出，十分注重歌唱时的舞蹈动作和情感投入，而且演什么像什么。您怎么评价自己的这种演出形式？

克里木：我曾总结过自己的表演，我就是要做到表演、舞蹈、声音声乐“三位一体”。从小耳濡目染，我看了很多民族地区和少数民族表达欢乐的舞蹈。我从那么小开始当兵，我看得多见得多，去过的那些地方，看到的那些东西，我记得特清楚。我会记住旋律、动作，我唱歌的时候都肯定待不住。比如说我现在演唱阿凡提的话，肯定骑着驴上。我给战士们演出，到老山前线战士们还给我取了个名。你知道叫什么吗？“军营阿凡提”。所以，每次表演，我都有意愿也有能力将自己带入表演的角色。想唱出味道，就要吃透歌的精神，带着感情唱，要进到歌里去。

感觉我演什么像什么的原因，是舞台上，我就是他。比如说我在唱阿凡提时，我就是阿凡提，我就照着这种感觉走。像刚才说《日夜想念毛主席》为什么受欢迎，当时我给王洛宾老师出了很多主意。王洛宾先生让我站到钢琴边上，或者大乐队伴奏，我都不要，就要个小民族乐队，有点特色的音乐就行。我知道了库尔班大叔的故事，我知道了他的意图他的情感，舞台上必须我就是库尔班·吐鲁木。回来以后我写的《库尔班大叔你上哪》，也是一样，大叔虽然没进过军营也没去过哨所，但是他还是热爱党热爱军队，就按这个意图写的。

袁丽萍：创作《库尔班大叔您去哪儿》之后没多久，您又创作了《塔里木河》这首歌，受到部队官兵尤其是边防军人的喜爱。

克里木：《塔里木河》这首歌融合了维吾尔、塔吉克、哈萨克三个少数民族的音乐风格，还是我和陈克正老师一起写的。1964 年我们到阿里慰问，返回时在马兰基地一边慰问演出，一边休整。我和陈老师向部队申请了一部车，沿着塔里木河体验生活。我们与边防战士一起巡逻，一起在河边烤鱼。有了生活经历，我们就要写歌。陈克正老师有了思路，高兴得一晚上没睡觉，第二天一早就把歌词给我了。我一看，"骑着骏马天山巡逻""紧握钢枪保卫你，母亲河"，写得非常棒。我也很激动，想着一定要把曲作好，要让老百姓喜欢、战士喜欢。从生活中来，到生活中去，这首歌唱的就是边疆军人保家卫国的生活，再加上曲调悠扬抒情，符合艺术规律，所以能受到大家的喜欢。

袁丽萍：我们说"生活是创作的最大源泉"，您的这段经历就说明这个道理。

克里木：对的，我写《羊肉串香又香》也是这样，那声吆喝和旋律就来自我的日常生活。还有电影《阿凡提》的主题曲《阿凡提之歌》，可以说生活是那次创作成功的最大保证。

1979 年，北京电影制片厂筹拍电影《阿凡提》，邀请了很多新疆的艺术家参与演出，是当时非常大的制作。电影快拍完了，但主题曲却一直没有合适的，导演肖朗非常着急。我有一次跟肖导聊天时，就说了说我的想法。我觉得，阿凡提的这首主题歌不应该是歌颂型的，阿凡提是什么样子的人？他幽默、智慧，他是与老百姓在一起的，主题曲应该要往这个方向想。肖朗就问我，你那个《库尔班大叔您去哪儿》是怎么写出来的？我说："那都是有生活、有故事的。你想，一个普通老百姓都想着去慰问解放军，想着家里什么好吃的都拿上，说明解放军太可爱了。"肖朗一下子抓住了关键点，激动地说："就要这个劲，就是这个感觉，那就你来写！"

这一下子就成了我的任务了。写这个主题曲，说起来容易，写起来难，创作时间又非常紧张。我就苦苦思索，突然想起 1957 年我去和田县慰问边防部队时的一段经历。

那天早上 7 点多，我在街上看到了一群新疆的农民老头儿。只见他们扎着腰带、戴着瓜皮帽，坐在小毛驴上，唱着维吾尔语的歌。那首歌的大意是："干部来到了我们公社，我们的日子一天比一天好。"那个旋律非常生动，当时就让我印象深刻，久久回味。我有个习惯，就是听到什么好的旋律好的词就随手记下来，当时这段旋律我也是记下来的。但是这都过去 20 多年了，我回家后就翻箱倒柜地找啊，终于找到当时记下的谱子。"我骑上那小毛驴儿，乐悠悠/歌声伴我乘风走，乘风走…… "根据那个旋律，我越写越顺，很快就写出了《阿凡提之歌》。拿给导演一听，导演高兴得直拍手，"就是这个感觉，就是这个感觉"。所以说，还是"生活万岁"。灵感从哪里来？从生活中来。

袁丽萍：20 世纪 80 年代初，您创作了《颂歌献给亲爱的党》，引起非常大的反响。到现在，每逢"七一"，很多音乐会上还会唱这首歌。

克里木：当时刚刚改革开放不久，部分人的思想出现一些混乱，就是有的老百姓对党的认识不够了。我是 1966 年在云南前线慰问边防部队时入的党，我从小受党的教育，受党的培养，我觉得自己应该写一首歌颂党的歌，没有什么任务，就是发自内心地要去写这首歌。词作家高峻对此也非常有共鸣，很快便写出了歌词。我就连夜为歌曲谱上抒情悠扬的曲调。

这首歌创作完成后没过多久，1984 年，正好我在北京首都体育馆有演出，我便主动要求唱这首歌。“有了你，草原牛羊肥壮”“有了你，毡房奶茶飘香”……一开始听到这首歌，观众愣住了，但马上就开始“哗”地鼓掌，而且氛围越来越热烈。

为什么这首歌会这么受人欢迎？因为这首歌的主题是歌颂党，但这种歌颂是非常生活化的、非常实在的，不是喊口号和概念化的。它唱出了我内心对党的情感，也唱出了人们内心的情感。

在这首歌流传开来之后，有一年的“七一”，远在喀喇昆仑山边防哨所的战士给我打来电话。战士们说：“今天是党的生日，您能不能教我们唱《颂歌献给亲爱的党》，您跟我们一起过一次党的生日。”我马上说：“好！”然后就一句一句地把这首歌教给战士们。

袁丽萍：您从一开始连汉语都说不好，到后来不光学汉语，还学用汉语唱歌，付出肯定很多，但这些都没听您怎么说过。

克里木：学了普通话以后，我还说过相声呢。这些也没什么好多说的，人生就是什么东西都要努力是吧？只要努力，没有办不到的事。医生就说我的生活非常丰富，苦我也吃过甜我也吃过。

我跟周总理出访过好几个国家，他们问克里木你为什么这么低调？我觉得这可能有他的影子在我身上。周恩来总理，带着我们到缅甸，他总是突然就进来宿舍，当时我们在海边上一个饭店里边住，“小鬼出来！”就把我们从房子里轰出去，“踢球去！”总是跟我们一起玩。周总理就这么朴实，和蔼可亲，很低调，但是严肃起来也是很严肃的。

袁丽萍：您是一名老文艺兵，经常下部队演出，您对当前的文艺轻骑兵们有什么想说的？

克里木：还是那句话，能成为一个军队文艺工作者，我非常自豪。前段时间，解放军文工团的一些年轻孩子来看我，说他们刚下部队回来，去了新疆、西藏、内蒙古等。我说这个就是方向。什么叫为兵服务？就是要直接跟战士们联系，把文化艺术送给战士，把祖国和人民的爱送给战士。

我们当年到云南边防部队演出，一去就是9个月。我们走过的那些路线，蚂蟥、蛇很多，经常要在原始森林里行走。有些地方根本没有路，走的都是大象拱出来的路。有一次，我们在林子里走了一天，又爬上一座山，才到达演出地点。一路上历经艰辛，大家却毫无怨言。因为我们知道，山上有一个班的战士等着我们，在等着那一场珍贵的演出。气灯一挂，也没有话筒，我亮开嗓子就为战士们歌唱。演完连饭都不吃，因为战士们的那些粮食运上山很不容易。就只喝一点水，饿着肚子返回。我觉得这些都不算苦，而且我们多吃一点苦，才更加知道战士的不容易。

2019年5月，克里木接受本书作者袁丽萍采访（王晨光 摄）

还有一次去西藏的边防哨所演出。战士们在海拔5000米的地方执勤，我们20个演员准备上去演出。结果走到最后，就剩下四五个人还能继续往上走，其他人都因为高原反应、缺氧走不动了。在简陋的营房里演出完，我就发现还有两个战士在哨楼上值班，就带两个演员上哨楼演出。我们还带了一束路上采的野花，准备献给为国戍边的可爱的人。上去以后，战士一看是我来了，很激动，但却拒绝道："我们看您一眼就高兴，首长，您回去吧！您已经很累了！"我就说："我来给你们唱歌不觉得累，这也是我的任务。"当时那场演出啊，我真是喘着粗气唱完的《达坂城的姑娘》和《库尔班大叔您去哪儿》。哨楼上，年轻的战士就那样持枪挺立着，边看演出边掉眼泪。他们从来没想过，自己喜欢的歌唱家会专程为了他们两个人，爬上这海拔5000多米的哨楼来演出。

我跟年轻人说，战士们太辛苦、太淳朴、太可爱了，我们的歌声就是为战士服务、为人民服务的，要永远为人民和战士歌唱。我们要发自内心地尊重战士，爱战士。不妨经常问自己几个问题：穿了这身军装，成了文艺兵，位置应该摆在哪？我应该怎么为战士服务？通过我的歌声，战士能得到什么教育？

（吴昊对本访谈亦有贡献）

创作感言

文艺战士的初心

袁丽萍

克里木老师的采访地点，是在他京郊的家里。

退休后，他跟夫人古兰丹姆住在这片接地气的房子里，种树、养花，跟邻居闲聊，平常得很。

但一有演出任务，他就积极报名参加，依然还是那股登上5000米高原哨所为战士演出的精气神。

从11岁，到79岁，克里木一直走在为兵服务的道路上。聊起下部队、到前线、走边防的那些事儿，他双眼放光，手舞足蹈，充满活力。

"为战士唱歌，他们高兴，我就高兴。"岁月悠悠，文艺战士的初心不改，本色不变。

2019年5月

补　记

春天乍暖还寒时，那片樱桃树又像过往的每一个春天那样，冒出了点点绿芽，等待着开花、结果，再一次给邻居们带来甘甜。只不过，这片樱桃树再也等不来那双大手将它们摘下……

2020 年 3 月 3 日凌晨，著名歌唱家、优秀舞蹈表演艺术家克里木，因病逝世，享年 80 岁。

接到这个消息，我的第一反应是不敢相信。2019 年年底时，克里木还精神抖擞地登台演唱。他一向都那么乐观、硬朗，富有活力。人们还没有听够他唱的那些歌，邻居们还期盼着那个“可爱的老头儿”再跟他们唠唠嗑……

2019 年 5 月底，我去克里木家采访。79 岁的老人，依然非常健谈，非常幽默。听他讲起过往那些故事，感觉就跟听评书似的，采访现场时常笑声阵阵。

那天下午，我们就着一盘他家树上刚摘下的樱桃，聊起下部队、到前线、走边防的那些事儿。他双眼放光，手舞足蹈，充满活力。他说，“为战士唱歌，他们高兴，我就高兴”“看着观众们的笑容，我心里就像吃了这樱桃一样甜”……

他是这么说的，也是这么做的。2020 年春节前，克里木还参与了一场慰问演出，“库尔班大叔”的精彩表演，一如既往地赢得观众们的热烈掌声。从 11 岁到 80 岁，文艺战士克里木一直走在为人民服务、传播民族文化的道路上。

传承是最好的缅怀。

斯人已去，精神永存。

克里木是一个乐观豁达的人，我相信他必定不愿我们为他悲悲戚戚到天明，而是更愿后来人接力奋斗，继续前行。

写到此处，我仿佛又看到他身着那件亮紫色的衬衫，手持一根香烟，倚坐在沙发上笑得爽朗的样子，仿佛又听到他那带有新疆口音、吐字却非常清楚的声音响起：“我要永远做一名热爱党、热爱人民的文艺战士，永远为人民歌唱……”

谨以此文，致敬文艺战士克里木。

从战士的气质和情感出发

——对话舞蹈艺术家仇非

仇非，著名舞蹈艺术家、国家一级演员、编导，1949 年 1 月出生，1959 年 12 月入伍，曾任原空政文工团团长。曾参加大型音乐舞蹈史诗《东方红》《中国革命之歌》演出。代表作有舞蹈《送别》《起飞线上》、舞剧《伤逝》等。多次担任中央军委慰问驻京老干部迎新春文艺演出总导演，《强军战歌》演唱会、“和平号角——2014”上海合作组织成员国首届军乐节总导演，担任舞剧《红梅赞》艺术总监、第五次复排歌剧《江姐》导演，多次担任全国政协新年茶话会、中央团拜会演出总导演。他导演的民族歌舞晚会《当兵走边关》《情暖边关》《筑梦边关》获第三、四、五届全国少数民族会演大奖。在国家、军队多台晚会中担任总导演。2009 年被中国舞协授予中国舞蹈艺术“突出贡献舞蹈家”称号。

袁丽萍：我看有资料说，您是从小在空政文工团长大的。

仇非：1959 年，那年我 10 岁，被招入原空政歌舞团学员班。当时解放军艺术学院尚未成立，全军设有舞蹈学员班的只有原总政歌舞团、原海政歌舞团、原空政歌舞团和原北京军区战友文工团。现在想想，那时候的学员生活，是我从一名学生转变为军人的开始，在文工团领导和老师的呵护下边学习边训练，开展学习雷锋活动，争当“五好学员”等等。

当时被招进来也挺有意思的。我当时家住在西单，上宏庙小学四年级。我打乒乓球打得挺好的，校队就把我送到景山少年宫打乒乓球。但没想到去了以后，乒乓球队满了，就给我分到舞蹈组。我刚开始不是很愿意，想着让我跳什么舞呢。后来空政文工团来了两个老师，来招学员的。有个老师就问我，你学舞蹈吗？我说，我不学舞蹈。他就疑惑，那你怎么会来这？我就把刚刚的情况给他讲了一遍。他就说我们是部队文工团，招上了以后可以参军。我很开心，就决定要去。当时那老师看我个儿小，确实嘛，身高才一米四一，就让我蹦了蹦，看一下弹跳，又让我唱了个歌。“红太阳从天山慢慢地爬上，风吹绿草草儿把头扬。骑上骏马扬起鞭，赶上牛羊下河滩，唱上一首歌呀心花开放……”就是那个《牧童之歌》，学校学的。当时他就说，欸，不错。我们那一批少年宫里来了十几个小孩，就挑走了我和其中的另外一个。

袁丽萍：说明您在舞蹈方面是有这个先天条件的。

仇非：主要后面练得挺多。我到了文工团以后就开始训练了。芭蕾也好，民族舞也好，基本功也好，就开始练了。当时因为我们岁数比较小，文化层次也不一样，一般给安排的就是上午基本功训练，早上练早功，下午是上文化课，语文啊，数学啊，历史、地理这样的。那个时候年龄比较小，但是很能吃。可是部队伙食是定量的，正好当时也是国家自然灾害时期，吃的不是很够。老同志出去演出了，下部队了，就把一些粮食都留给我们。学员生活还是挺好的。每天都是训练，学习，互相观摩，当时也去总政歌舞团观摩。

我在学员班一直待到 1967 年吧，后来班就停了。在空政文工团，我当过文工团学员、演员、创作室编导、舞蹈队队长、文工团副团长、团长，再到后来的艺术指导，等于我这 50 年就一直在文工团，所以对文工团的一些事情还是比较清楚的，感情也比较深。

袁丽萍：您 15 岁时参加了音乐舞蹈史诗《东方红》的演出，能讲一下当时的情况吗？

仇非：我当学员的时候参加了很多活动，一次非常珍贵的经历就是 1964 年参加了《东方红》的演出。这是新中国第一部大型音乐舞蹈史诗，毛主席观看了演出并接见了我们。我参加了“秋收暴动”“遵义会议”“陕北会师”“渡江”等段落。东方红的排练方式是这样的，分一队二队，一队是地方的，二队是军队的。节目很多，参与演出的三千人中有一半是合唱队，其他就是演员了。演出时，当上个段落一结束，我们就得赶紧跑到后台换下一段落的服装。后台在夹层，场地小，演员多，夹层不摆桌子，全是长条板凳。三个人分一条长凳，换完服装叠好，然后安静地坐在凳子上等着。一旦接到候场通知，我们立刻排成一队，左手拿道具，右手扶着楼梯扶手到大会堂西门厅准备上场。几千个人在后台，一点不乱。周总理还曾经带领外宾专门看过演出时的后台。周恩来总理在大型音乐舞蹈史诗《东方红》总结大会上专门讲到，《东方红》的演出成功是在上海大歌舞和空政文工团《革命历史歌曲表演唱》的基础上加工创作提高的。当时作为空军的一名学员听到总理的讲话感到非常自豪。在排演《东方红》的日子里，我们这些学员跟老前辈学到了很好的艺术作风。这种作风，从老一辈传下来的，我们后来也都是这么做的。而且这次演出增强了我们的集体观念，并让我们熟悉了解了舞台。经历了这次演出，我们就知道了舞台是这样的，什么是进场，什么是候场，什么是演出前的准备。

袁丽萍：后来到文工团当舞蹈演员，参加过哪些印象深刻的演出？

仇非：20 世纪 70 年代的时候，我们演出了舞剧《洪常青》。当时普及样板戏，大家都要学芭蕾样板戏嘛，这个舞蹈就是中央芭蕾舞团的《红色娘子军》。这样我们就专门参加了当时办的舞剧学习班，学习完了演出。当时我演洪常青，就是主角，也是很努力的。我们在部队一般来讲都是搞民族舞啊、古典舞啊，芭蕾舞当然也训练，但比较少。这部剧里，空转啊还有一些技巧都属于芭蕾舞的，练得比较辛苦。

后来就是参加 1984 年的《中国革命之歌》，当时我演李大钊。这部作品，是继《东方红》之后新中国第二部大型的音乐舞蹈史诗，是从党成立讲到革命，从战争年代一直讲到改革开放。那时候我刚当舞蹈队队长。另外，80 年代我演出了《送别》《雁南飞》。《送别》是第一届全军舞蹈比赛的金奖，我跟杨华合作的。

双人舞《送别》。男舞蹈演员为仇非（仇非 提供）

袁丽萍：1970 年前后，您从一名演员逐渐参与到舞蹈创作中来，《起飞线上》是您参与创作的第一个舞蹈，而且您也是这个舞蹈的领舞。这个舞蹈当时在部队演出时非常受官兵欢迎。创作过程是怎样的？

仇非：一开始我也没想搞创作。作为演员呢，我经常给编导提意见，应该怎么样怎么样。有人就说，那你来编。当时很年轻，也不怕事，心想编就编。我们几个演员就一起想些方案，总想着这个舞蹈还可以怎么体现。随着时间的推移，我就调进了空政文工团的创作组。

《起飞线上》的创作是我在程心天老师的帮带下进入的。《起飞线上》是反映飞行员军事训练的舞蹈。我们多次去部队，一待就是一个月，认识了很多飞行员，对飞行员的生活逐渐了解。从下达课目到地面演练、从起飞到着陆等全过程都进行了了解。有一次我们甚至还看到飞行员跑一等战备的场面。这个舞蹈是有生活基础的，所以演出才能成功。就是说，创作得有源头。你想用舞蹈表现军人，就要了解军人的情怀、军人的气质。好的舞蹈是属于对军人本身形体和气质的一种情感的放大，它一定是有兵情兵味的。

袁丽萍：您组织创作过《蓝天长城》《精神文明赞》《绿色年华》《走在春风里》《飞向新世纪》等很多台晚会，反响都很好。比如晚会《蓝天长城》，既反映时代发展的大主题，又充满浓郁的空军特色，受到军内外观众的认可。您认为好的节目应该是什么样的？创作好一台晚会要考虑哪些因素？

仇非：还是那句话，好的节目就是要接地气，要有兵情兵味。编导不能把自己的感觉当成是战士的，不能是你自己臆造的或是想出来的，而要从生活当中来提炼、从生活当中来提高。

就《蓝天长城》晚会来说，一开幕就是一片云海，一下就将观众带入空军的第一视角。突然，云海消散，在威武雄壮的音乐声中舞台上出现 40 个飞行员，叠加出女高音演唱的“我是雷，我是风，我是朝霞，我是彩虹，我就是天空”。这是阎肃老师写的词，这种舞台呈现完美地展现了空军守卫蓝天的豪迈气概。

在舞蹈设计上，我们借鉴了杂技的倒板技术，演员可以倒成斜 45 度，模拟飞行的样子，体现出空军的属性特色，当时观众的掌声“哗”地就响起来了。所以，想搞一台好的晚会，就要寻求一种新的表现方式，同时还要有更准确的舞蹈语汇去体现，准确的舞美手段加以烘托。舞台要形成强烈的视觉冲击力，必须把国内外的先进设备运用于舞台艺术当中。在《蓝天长城》这台晚会上，我团在国内率先使用了电脑黄金灯，舞台灯光的照度及色彩千变万化、焕然一新。当时舞美灯光协会的专家还专门观看了晚会并召开了座谈会。

舞蹈《飞夺泸定桥》。二排右一为仇非，摄于 1978 年 10 月（仇非 提供）

我觉得，搞好一台晚会更重要的，是要有好的内部环境。20 世纪 90 年代，我们团以业务建设为中心，以创作为龙头，带动文工团的全面建设。我们坚持风正、气顺、人和、艺精的内部环境，提出创作一台、演出一台、思考一台。我们每年都组织一次集体到部队采风并组织一次笔会。阎肃、羊鸣、张士燮三位老艺术家坚持与创作组其他同志一起下部队体验生活。那时候三位老同志都 60 多岁了。

袁丽萍：到部队采风的收获有哪些?

仇非：我们到部队采风不仅仅是参观座谈，阎肃、羊鸣、张士燮等老同志还会给官兵普及音乐知识、写诗歌，到战士宿舍教唱他们为部队创作的师歌团歌，还有的创作员教战士吹奏乐器、识谱，部队非常欢迎。我们有很多作品都是从部队采风中得到的灵感，比如歌曲《说句心里话》《父老乡亲》《报答》《一二三四歌》《送你一片蔚蓝》《天职》，舞蹈《情怀》《云上的日子》等。对我来说，印象深刻的就是舞蹈《云上的日子》的创作。舞剧《红梅赞》的导演杨威，刚调到空军不久，想创作一个关于伞兵训练的舞蹈。因为我到过伞兵部队多次，参加过伞兵跳伞训练的全过程，就向杨威介绍了很多关于伞兵的工作、训练和生活，比如伞兵如何上飞机，怎么出机舱，如何叠伞等细节。基层采风带回来的内容是鲜活的，而越鲜活越接地气就越能产生鲜明的舞蹈形象。舞蹈《云上的日子》突破了以往有关伞兵的舞蹈都是外形上的简单模仿，而是抓住新兵第一次跳伞在机舱内复杂的内心活动及最终战胜心理障碍成功完成训练任务的过程。这个舞蹈为表现军兵种特点、挖掘人物内心进行了成功的探索。

袁丽萍：当时九八抗洪的时候，您带着团员到了一线。

仇非：当时我们去的武汉，带着团员去给抗洪官兵鼓劲打气，慰问演出，也收集素材，创作反映抗洪事迹的作品。当时完全就没有什么日程安排了，有需要就去演出，有方便面就吃点方便面，在抗洪一线大家都挺受教育的。我们在那儿写了《长江边的故事》。当时空军有个烈士，叫高建成，是一个指导员，牺牲在抗洪一线，“长江边有一只飞鹤，一去永远不回头”说的就是他。这个指导员很感人，在带队参加抗洪抢险时，被决口的洪水一下子袭击了。他们在被洪水围困的时候，他把救生衣让给战士，跟洪水搏斗的时候还救出了好几名群众。后来，他把树让给体弱的战士，自己被洪水卷走牺牲了。了解到他的事迹后，他们在现场就把词写出来了。当时我们就住在学校里，睡的是板床，连夜，大家都没睡觉，就开始谱曲、打磨，写出了《长江边的故事》。还有《为了谁》，是回来之后写的，但是感受是那个时候出的。

袁丽萍：舞剧《红梅赞》获得首届国家舞台艺术精品剧目等5项大奖，您作为这部剧的艺术总监和艺术统筹，能否介绍一下创作历程？

仇非：我记得，那是在距离建党80周年还有一年半的时间节点上，在创作会议上，大家提出几年来文工团创作演出了一批成功的晚会，现在我们应该沉下心来搞一台能够留得住的剧目，为建党80周年献礼。创作组长张士燮的建议是搞一部舞剧。阎肃、羊鸣也希望创作一部有影响的作品，但肯定不能是歌剧《江姐》的翻版。编创舞剧《红梅赞》的方案得到领导和机关的认可，并在各个方面给予了支持和保障。当时我带着创作组到重庆渣滓洞体验生活，积累创作素材。当时看过了一些《红岩》的剧情，但是作为现场来讲，还是一定得去深入了解，包括我们的舞美、音乐等的设计人员都去了，挺有收获，我们就开始进入创作。

经过反复试排、推翻重来、舞台合成，2001年7月，舞剧《红梅赞》在保利大剧院亮相，很多舞蹈界的专家都前来观看，演出获得了很大成功，得到观众的认可。面对观众的掌声、同行的肯定，我们告诫自己，要保持清醒的头脑，继续对舞剧进行了加工修改。

经过领导和全体演职人员几个月的努力，舞剧《红梅赞》获得了国家首届精品剧目、国家文华大奖、中宣部“五个一工程”等5项大奖。

《红梅赞》在某种意义上说没有文学脚本，就是说舞剧本身表现的就是剧情，就是人物，就是变化，所以说舞剧一定不能靠文学，当然，有脚本是好的，但是根本的是舞剧的编导方式。舞剧和舞蹈诗相比，舞蹈更纯粹，当然舞蹈诗有诗化的结构，诗化的舞蹈，就这个节目本身来讲，应该有它独特的属性。

袁丽萍：2007 年第五次复排的《江姐》在国家大剧院排演过程中压缩了半个多小时的篇幅。为什么做出这样的调整？

仇非：2007 年，国家大剧院刚施工完需进行试运营，就邀请原空政文工团在大剧院戏剧厅演出第五次复排的《江姐》。戏剧厅的舞台台宽 18 米、可用进深 40 米、高度 13 米，透视度很好，有多种推拉升降设备。《江姐》的复排必须根据这个舞台提供的现代化设备设施、多层次的表演空间进行编排。对场景灯光及演员的表演都进行了调整。另外，我们对复排《江姐》没有简单的重复。在演出过程中根据观众的审美及习惯，把《江姐》演出时长在 3 个小时基础上进行了压缩。为此召开创作会议，对该剧进行删减。我们一段一段地看，一段一段地删，仔细研究哪个词不说、哪个唱段不要。最后，砍掉 2430 多个字，取消中场休息，演出时间压缩到 2 个小时 18 分钟，保证了演出的成功。

所以后来阎老说，我刚从朝鲜回来，胃胀，今天呢，我心疼，砍掉了那么多嘛。不过阎老自己也说，砍吧，我们也说，砍吧，要不然观众的承受力有问题。我们当时形成了一种艺术上探讨的氛围，相互商榷。

这次演出的成功，是我们从观众的角度出发思考剧目的时长，同时也保留精品唱段和台词，在国家大剧院现代化舞台上展现歌剧《江姐》永恒的生命力。演出的成功得益于我们老艺术家在艺术上宽广的胸怀，不断创新的精神，及全体演职人员的共同努力。

袁丽萍：您后来当了副团长、团长，大家对您的评价都很高。

仇非：我当副团长的过程挺有意思的。当时舞蹈是我本行，结果有一天团长跟我说，仇非啊仇非，原来那个副团长调走了，现在马上要考虑你当副团长。我说，欸，不行不行，我说我搞舞蹈的。当时确实对这个当领导啊，没有太多的意思，很想搞专业，后来过两天宣布了我当副团长，哎呀，这搞得。当时我们团正在盖礼堂，这些事都归新副团长负责。当时那个什么“三材”——钢材、木材、水泥，招标什么的，都要我管。千头万绪的，的确很麻烦。那一年我皮鞋穿坏了两双，天天爬上爬下到工地看。因为盖楼不懂嘛，咱们就得学，到各单位参观，看人家怎么建的，跟老师请教等等。那老师也是负责基建的，看着我们长大。这楼盖得还不错，后来一直都反映挺好。

当副团长的时候，我还每天都去食堂卖饭，因为我要跟这些职工打成一片，因为从小老同志们对我们就是这么关爱和教育的。我得到饭堂去，看一下这个饭菜怎么样。文工团的老同志多，一个不能太辣，一个不能太咸，一个不能太油。我刚当副团长时是上校，当了半年就大校了，他们就有人说，没想到一个上校、大校还卖饭卖菜。后来业务也就慢慢熟悉了，第五次复排《江姐》我是导演，第四次复排时是副团长，当时保证给大家每天晚上两个烧饼加点牛肉。大家就说，仇非你管行政搞后勤搞得还不错。因为我也是演员过来的，所以就会换位思考，会考虑演员怎么样。

袁丽萍：让您当这个副团长真是太对了，您在这长大的，就跟家一样，肯定尽全力去把它管好。

仇非：当时确实是跟当家一样。他们说仇非有时看到地上有烟头还捡烟头呢，我就感觉很正常的，这就是自己家，我在这儿长大的，10岁就来了这，从学员就开始了。其实这个作风是传承的。走到传达室，我买两包栗子，欸，刘师傅，给你一包栗子，因为这个师傅是看着我长大的。当了领导之后，他们觉得，哎，仇非没变。刘师傅也是，当年我小的时候，他把我叫过去，给我吃了碗他家做的红烧肉，心里很暖的。我就说，这个文工团不是靠一个人，或哪几个人，是靠文工团所有的工作人员，包括这些师傅，包括后勤工作人员，哪一块出了问题文工团它都不行，所以当时就真是把文工团当成家，真是很爱这个地方。我当团长时说过，文工团要搞好，两个因素：第一个，上下一致，第二个，内部一致。就是“L”形的，一个单位要搞好，真是这两条线。所以当时我跟政委两个首先做好，确实严格要求自己，提出了很多指向性的措施。比如说，在文工团要坚持风正、气顺、人和，后来还加了个艺精。

再一个在文工团建设上坚持一个中心，以业务建设为中心，以创作为龙头，带动文工团的业务建设、思想建设、组织建设、人才培养等。

袁丽萍：您曾多次到部队慰问演出，对现在文艺轻骑队的演出和创作有什么建议？如何创作出官兵喜欢的军旅舞蹈节目？

仇非：我们那时候一下部队演出就是两到三个月，乘坐的是卡车，自己带着背包，演出器材都放在车上。一到部队就卸车装台，整理整理场地，有时在地面铺上卡车蒙布就开始演出了。部队官兵看到有这样一支文艺轻骑队来演出，是很高兴的。当时文工团对演员的要求是“一专三会八能”，我们不光会跳舞，还要学曲艺、器乐、小品等。所有演员都要参加装台卸台、打灯光、卷幕布等工作。

仇非赴西藏部队参加采风和创作笔会（仇非 提供）

20 世纪六七十年代，野战文艺为什么那么受欢迎？是因为我们下部队演出绝对不给部队添麻烦，不影响部队的战备训练。另外，我们根据部队的具体情况深入基层，为官兵服务。

通过文艺轻骑队演出促进创作，在为兵服务中体验生活，在体验生活中搞好服务。我们很多节目就是在为部队演出中得到的素材和灵感，有时甚至就是边演边创作。

任何创作都要从生活中来，再到生活中去。舞蹈要源于生活高于生活，就更需要有扎实的生活素材加以提炼，并吸收其他艺术的元素，才能形成舞蹈创作的出新。

军旅舞蹈，要表现人，要表现现代军人，要去挖掘军人的情感、扎根部队深入基层，从战士的气质和情感出发，不断用丰富的舞蹈语汇、充满时代感的舞蹈语言，讲好现代军人的故事。

（夏董财对本访谈亦有贡献）

创作感言

那些“没想到”

袁丽萍

采访出发时，我的心里略有忐忑——

当团长、当导演，仇非对作品把关严格、对团员业务能力要求高，在业界是出了名的。这样的艺术家，会不会难以接近？

更何况，他是习惯于用形体表达情感、塑造形象的舞蹈家，会不会跟我们聊一会儿就冷场？

让人没想到，他竟如此健谈、可爱。

一聊两个多小时，他用京腔京韵讲起那些故事，俨如评书，生动极了。他活灵活现地描述当年参演《东方红》的情景，那份小学员一板一眼的认真和跟着老艺术家学习的激动，让人感同身受。讲到《飞夺泸定桥》，他兴之所至，手舞足蹈，索性站起身来亮了个相，身姿挺拔，仿佛还是当年那个勇敢坚毅的“红军指挥员”。

在仇非这儿，“让人没想到”可能是个高频词：打造特色晚会、将杂技技巧引入舞蹈、大胆采用新式舞台灯……

人们常说，创新思维，是艺术发展的动力和艺术家的生命力所在。仇非的作品和经历，便是对这句话的生动阐释。

2019 年 5 月

耐得住　蹲得下　沉得稳

——对话词作家王晓岭

王晓岭，国家一级编剧，著名词作家，1949 年 10 月出生，1969 年入伍。他创作有千余首歌曲，以及歌剧《野火春风斗古城》《沂蒙山》（合作）、舞剧《红楼梦》、大型声乐套曲《西柏坡组歌》、第 7 届世界军人运动会主题歌《和平的薪火》等作品。曾荣获中宣部“五个一工程”奖、解放军文艺奖、中国音协金钟奖等奖项。他创作的《当兵的人》《当那一天来临》《强军战歌》《我们从古田再出发》等歌曲，在全军广为传唱。

袁丽萍：军旅歌曲是您的主要创作方向，像《当兵的人》《当那一天来临》《强军战歌》《我们从古田再出发》这些歌，在部队官兵中广为传唱，能给我们讲讲背后的故事吗？

王晓岭：刚才你提到的这4首歌都在阅兵时被解放军军乐团演奏过。《当兵的人》是在1999年国庆阅兵、《当那一天来临》是在2009年国庆阅兵、《强军战歌》《我们从古田再出发》是在2015年纪念中国人民抗日战争暨世界反法西斯战争胜利70周年阅兵和庆祝建军90周年沙场阅兵。

1987年，王晓岭（左一）在边境作战前线与战士们座谈（王晓岭 提供）

歌曲《当兵的人》原名叫《一样不一样》。1994年，我们正在编排大型歌舞《七彩沙盘》，总导演苏时进提出要有一首集中反映当代军人风貌的、有分量的压轴主题歌。因为标准高、要得急，我想起了之前不久创作的一首歌曲《一样不一样》。苏时进看了后对歌词比较认同，但对曲子的抒情性写法有异议，认为应当有大气磅礴的战斗性的进行曲风格，建议臧云飞在原曲基础上重新创作。臧云飞在合成器上边弹边唱，几乎是一挥而就，把导演组听得振奋不已。并且，臧云飞把歌名改成了《当兵的人》。事实证明，这一改动是点睛之笔，为歌曲找到了灵魂所在。

这首歌把队列歌曲和抒情歌曲结合起来，歌词以鼓舞士气、振奋军威为主，应该说开拓了军旅歌曲创作的一种风格。

袁丽萍：《当那一天来临》这首军歌，是 2005 年军队“战斗精神队列歌曲”征集评选活动中的最佳作品之一。这首歌是上级给的创作任务，还是您自己想写的？

王晓岭：上级没有什么创作任务。可是当时军队是有任务的，就是要做好军事斗争准备。2002 年，当时我还在文工团担任团长，我带着原北京军区战友歌舞团创作组的同志们到部队采风，到了当时在山西的原 27 集团军的一个“猛虎连”。当时这个连队正准备到渤海湾进行海训，海训之前，他们在俱乐部里举行了一个誓师大会。“猛虎连”连旗挂在墙上，战士们在发言表态。宣布完任务之后，全连所有的官兵都在连旗上进行签字。当时“猛虎连”也是原北京军区的一支部队，我们也是北京军区的，算是一支部队的。我们也要求成为“猛虎连”的荣誉士兵，我和作曲家王路明等人也把名字签了，也成为“猛虎连”的一员。这样就等于给了我们现场的真实气氛的感染。我们当时正在准备一台大型晚会，准备迎接全军会演，需要创作一批符合当代精神的军旅歌曲，同时全军还在征集战斗精神歌曲。写这歌的时候，我就回想起当时在“猛虎连”誓师大会的场景，歌词就是反映当时的场景。比如里面的一句“上面也飘扬着我们的名字……”，这是因为我们真的签了名了。

袁丽萍：《当那一天来临》这首歌的 MV 拍摄，是以空降兵为拍摄背景的。为什么会这样选择？

王晓岭：因为当时的演唱者陈小涛，他本身就是空军，而且空降兵的战斗行动场景非常震撼，更能够集中展现战斗精神，所以当时的拍摄是以空降兵为主要背景进行的。

这首歌曲是以队列歌曲的形式获的奖。当时号召我们多写队列歌曲。陈小涛看到这个歌曲，找到了我和作曲的王路明，说“这歌我挺喜欢，想把它拍成 MV”。我们想，这当然好了。这歌是面向全军写的，陆海空军都可以拍摄。陈小涛唱起来充满内在的力量，演起来很有士兵味道，比较适合这个旋律。歌名是《当那一天来临》，但这并不仅仅是指当真正的战争来临。因为“那一天”，既可以是有炮火硝烟的战争背景，也可以是和平时期的非军事行动，比如说维和与抗震救灾等等，只要是在冲锋陷阵的时候都可以用这个歌。这首歌曲有一定的广泛意义。最后歌曲扩展到地方，当祖国、党、人民需要的时候都可以演唱。所以，拍 MV 的时候，我们重点选了以空降兵为主的一个和维和相关的故事，中间穿插了抗震救灾等场景。就是考虑到维和部队也是一种漂洋过海，也是祖国的召唤，甚至是世界人民的一种召唤。

袁丽萍：《强军战歌》是新时代军营的“流行歌”，官兵人人会唱，无论在演兵场、驻地军营，还是在文艺演出、赛歌会上，总能听到这首激昂提气的歌曲。这首歌是如何创作的？

王晓岭：2013 年 3 月，上级宣传部门找到我和作曲家印青，希望我们在最短时间内写出一首教育引导广大官兵牢记强军目标、坚定强军信念、献身强军实践的歌曲，要在全军推广传唱。

当时我和印青接到这个任务，既感到一定的压力，更感到这是一个比较光荣的任务，也是军队文艺工作者的一种责任。我和印青反复研究商量后，觉得要深刻领会强军目标的科学内涵和实践要求，歌词肯定要突出“听党指挥、能打胜仗、作风优良”三句话，要写出新时期大国

从左往右依次为阎肃、印青、王晓岭（王晓岭 提供）

军威，与建设现代化军队相适应，这样就首先确定了创作的指导思想。

第二个考虑是，歌词要短小精干、富有号召性，曲调要铿锵有力、朗朗上口，便于战士演唱。“听吧，新征程号角吹响，强军目标召唤在前方”，经过反复琢磨，歌词首句把强军目标形象地比喻为冲锋号角，“国要强，我们就要担当，战旗上写满铁血荣光”，这句歌词用战士口吻写出强国梦和强军梦的关系，唱出将士们的铮铮誓言，讴歌坚定信仰、砥砺奋进的决心。一周后，歌词创作好了，主歌强调召唤，党中央和习主席的召唤。副歌强调的是我们将士的誓言。最后形成八句话，前四句强调召唤，后四句强调誓言。

初稿歌名是《强军之歌》，宣传部门的一位同志建议把“之”字改为“战”字。这个改得很好，一下子提了神。歌词创作完毕后，我交给印青谱曲。印青的作曲特别符合我对这首歌曲调的想象。音乐一般是双句子，不能单句或者三句，所以印青作曲时一看歌词也是非常简练的话，很有号召力、鼓舞性。音乐也非常简练，音域就 6 度，一般的歌都得 10 度以上。歌曲完成后，我和印青先与专业歌手到北京卫戍区某团的一个连队教战士们学唱，之后把歌曲拿到原解放军合唱团由专业演员演唱。随后歌曲在报纸上发表，也被正式录成光盘下发到部队，很快在部队掀起学唱热潮，反响强烈。

袁丽萍：大型情景声乐套曲《西柏坡组歌——人间正道是沧桑》，自 2014 年 7 月 1 日首演以来，在军内外引起了广泛关注和好评，被称为党的群众路线教育实践活动的生动教材和《长征组歌》姊妹篇。这部作品的叙事语境是怎样的？为什么用组歌的形式来呈现西柏坡主题？为什么这部作品会这么成功？

王晓岭：任何成功的创作都要有先见之明，没有先见之明哪有创作呀，创作就是创新，要有预判。军队文艺工作者一定要有敏感性，要正确把握时代的大势、了解人民群众真正的心声，这可以叫做“春江水暖鸭先知”。什么叫创新，创新就是一种预判，预判是创新第一位的因素，言别人心中所有，笔下所无。一味复制之前军歌的调调，是没有出路的，我们传承不变的是红色血脉和英雄主义，但语言、曲调一定要有创新，要站在时代的制高点上，冲在强军兴军的最前列。《西柏坡组歌》是预判成功的一种典型。

为什么选择西柏坡题材和组歌的呈现方式，可以说是历史必然与时代机遇的契合。战友文工团是诞生《长征组歌》的团队，那是老一辈无产阶级革命家和文艺工作者留下的宝贵财富。作为长征精神的传人，多少年来我们总有一种情结和使命感：如何再打造一部具有时代意义的红色经典？创作反映西柏坡革命历史音乐作品的想法，我们在 2012 年夏天就有。正在酝酿的时候，党的十八大召开了。习主席强调“党面临的赶考远未结束”，这就使我们更加清醒地认识到挖掘弘扬西柏坡精神的重大现实意义。我们把目光逐步聚焦在西柏坡这个题材上。

西柏坡是太行山麓的一个小山村，新中国成立前夕的短短 10 个月中，这里发生的所有历史事件中，最触动我们的是“转折”两个字，即从农村到城市、从战争到和平、从革命到建设的转折。正是在这个中国革命发生重大转折的历史关头，毛主席深刻洞察了中国历次改朝换代后出现的“周期律”问题，向全党提出了著名的“两个务必”的要求，用“进京赶考”这个生动的比喻，警示我们如何永葆共产党人的本色和青春。在实现伟大民族复兴梦想的今天，又逢一个关键的历史转折关头，习主席高瞻远瞩，居安思危，部署开展党的群众路线教育实践活动，在“两个务必”的基础上，进而提出了“两个永不”，即永不脱离群众，永不动摇信仰，告诫我们“赶考远未结束，我们永远走在赶考路上”。

经过反复思考提炼，我们找到了统领全篇的核心语句：“我们从哪里来，我们到哪里去，我们要依靠谁，我们是为了谁？”这是历史对今天的考问，也是今天对未来的承诺。回答好这个问题，就找到了西柏坡精神之根，也找到了《西柏坡组歌》的灵魂和价值所在。如果说《长征组歌》的主题是“红军不怕远征难”，那么《西柏坡组歌》的主题就是“人间正道是沧桑”。这两句话都出自毛泽东诗词，这绝不仅仅是单纯的巧合，而是历史与时代的一次重逢和对话。

《西柏坡组歌》属于历史题材，但任何历史都应当对当代有借鉴意义。所以在创作开始，我们就明确了两个“避免”：一是避免复制革命历史歌曲，这种时过境迁式的重复，难以出新，难以打动今天的听众。二是避免写成红色旅游歌曲，这样视野就狭窄了，形不成大格局大气象。那么什么才是可取的叙述方式呢？我们想只有站在今天的视角，回顾以往，展望未来，才能大开大合，游刃有余。于是在第一曲中，我们就用“我的西柏坡，爷爷唱过的歌”拉开了跨时空的序幕，为全曲做好铺垫准备。

选择了今天的视角，也就解决了叙事语境。我们知道，歌词通常以抒情见长，如果加入叙事，就会更引人入胜，《长征组歌》就是采用这种写作手法的典范。可是《西柏坡组歌》仅仅是抒情和叙事就不够了，这是题材和主题所决定的。西柏坡有别于长征，它不可能是线性结构，而是散点透视，即通过不同的点位，提炼思想，升华主题。这就需要加强思辨色彩，用充满哲理性的语言画龙点睛。全曲不乏这样的警句，比如“平地才见高山高，高山更见平地宽”“土地有根，根在人心，谁对咱好，咱对谁亲”“霓虹穿不过沧海桑田，一灯能穿千年暗”“考官是天下老百姓，考题是民富中华强”等等。其实这也是自《诗经》以来的优秀文化传统，“文章合为时而著，歌诗合为事而作”，我们继承了这个传统，又注入了新诗的语感和今天的思考，使全曲始终保持着寻根的思想张力，也为音乐的创作提供了坚实的基础和广阔的空间。

这部作品也是不断深入生活的成果。在持续 3 年的创作里，我们先后 20 多次深入西柏坡和太行山区体验生活，每次都有新的收获。这部作品凝聚着大家的集体智慧。在修改过程中，词曲作者互相提意见，经常讨论到深夜，也会争论得面红耳赤。一句歌词，词作者可以写出十几稿；一个段落，曲作者会谱出四五首曲子，让大家选择哪个效果好。这部剧我们创作了 1 年时间，又边排练边修改了 1 年时间。第三年参加全军会演拿了一等奖，回来继续改、再录音。所以说，好的作品都是不断打磨出来的，创作过程肯定是精益求精的过程。

袁丽萍：这部作品细节生动感人，发报机、红线绳等都在唱段中重现。尤其是《天下乡亲》这首歌，歌词里老区人民生活的细节很打动人。这些细节是如何提炼的？深入生活是如何具体影响歌词创作的？

王晓岭：《西柏坡组歌》的创作过程，是一次次深入生活采风的过程，是一次次攻克难点、寻找灵感和突破口的过程，也是心灵不断净化和精神不断生长的过程。创作团队多次走进西柏坡根据地和太行山深处，每一次都有新的体会和收获。前几次去，我们重点参观了西柏坡纪念馆和党中央居住地。

歌词中的很多细节，都是当年生活的具体再现，我们只是如实写来，就非常生动传神。比如《发报机的号角》，我们听到讲解员说周副主席当时讲过，“一不发人，二不发枪，三不发粮，只发电报”，我们很纳闷这是怎么回事，原来这说的是领袖的非凡气度和前线将士的英雄气概，前三个“不发”，是因为相信有将士的舍命、群众的支援和缴获的战利品，后一个“发”，则指的是党中央的英明指挥。又比如《地图上的红线绳》也是真实的故事，那时作战标图没有红蓝铅笔，老乡们听说后送来了红线绳，用缝衣针钉在地图上，变成了红箭头。就是这种

“针头线脑管大用，一草一木皆神兵”的简陋精神创造了奇迹。再比如依然保持当年模样的七届二中全会礼堂，墙上就挂着当时的“六项规定”，它让我们找到了今天党风廉政建设“八项规定”的源头。

《天下乡亲》这首歌，开始写了 5 稿，都不成功。记得那是我们第 6 次去西柏坡，听说山上有当年白求恩为八路军战士做手术的医疗所，就驱车前往。下山时走了另一条小路，路过一个小村庄。村口有一道斑驳的土墙，还有一个石磨盘，几位老乡正围在旁边干活。我们觉得这里面一定有故事，就赶紧停车，走过去和他们一起推碾子聊家常。让我们想不到的是，这个小山村就是走出“平山团”子弟兵的地方。“平山团”当年受聂荣臻司令员嘉奖，被称为“太行山上铁的子弟兵”。

我们进村子一看，乡亲们的生活很清苦，住的房子是那种非常破旧的老屋，泥墙，老土炕，低矮的房檐长满茅草，院门窗棂都有些破旧。他们看见我们很高兴，说就像当年子弟兵回来一样，要留我们吃饭。我们的心被深深触动了，这些为革命付出巨大牺牲和贡献的乡亲，他们的后代至今还过着清苦的日子，却依然那么淳朴善良可亲。一瞬间，一种难言的情感涌上我们心头。久寻不得的歌词也有了灵感：“风也牵挂你，雨也惦记你，住过的小山村，我是否对得起？你那百年的老屋，有没有挂新泥？你吃过的粗茶饭，有没有碾成细米？”我觉得应该把这些真实的东西写到歌里。真实的情感，真实的思想，最能打动人。

袁丽萍：在中国武汉举办的第七届世界军人运动会为我们留下诸多精彩瞬间，其开幕式主题曲《和平的薪火》，用如诗的歌词、悠扬的旋律，让人们感受到这首特殊军歌的艺术魅力。您作为歌曲的词作者，有怎样的考虑和体会？

王晓岭：2019 年 7 月下旬，我正在进行《奋斗吧，中华儿女》音乐舞蹈史诗的撰稿工作。这是为庆祝新中国成立 70 周年举办的一场大型文艺晚会，晚会导演是杨笑阳，音乐总监是舒楠。他俩正好也是军运会开幕式的导演和音乐总监。笑阳导演跟我说：“军运会缺少一个主题曲，你和舒楠来写吧。”我之前已经给军运会写过《在和平的旗帜下》《美丽武汉欢迎你》两首推广歌曲了。笑阳导演说，主题曲需要更广阔的视野，不仅仅是站在武汉和中国军人的角度，还要有国际视野。我当时听完立马明白了他的意思，这次创作区别于以前，要有新的高度和新的表达方式，站位和视野都要更宽广，要站在世界的角度。

那么歌曲究竟要采用什么角度、什么语言风格，或者说表达一种什么样的主题思想？我反复推敲琢磨。军运会被誉为“军人奥运会”，基本理念是“体育传友谊”，是和平时期各国军队展示实力形象、增进友好交流、扩大国际影响的重要平台，那这首歌的思想也肯定离不开“创军人的荣耀”，离不开“共享友谊、同筑和平”的主题。习主席曾说过，“让和平的薪火代代相传”。我决定将这首歌聚焦在“和平的薪火”上，表达对军人、体育、战争与和平的思考。

如何站位更高、视野更广、风格更大气，又该如何反映战争与和平的关系？动笔前，从20世纪五六十年代到21世纪初的关于和平的歌曲，我差不多都想了一遍。最终，脑海中浮现出鲍勃·迪伦的那首著名反战歌曲——《答案在风中飘扬》。“一只白鸽要飞越多少片海，才能安歇在沙滩上？炮弹要飞多少次，才能将其永远禁止？”这首歌是对人类命运的一种忧患、一种考问。它并没有给出答案，但它问的过程就是一种呼唤、一份期盼。那为何不以此次军运会为契机，在我们建设“一带一路”、构建人类命运共同体的大环境下，对它进行一种回答？也借此向全世界宣示中国军人的态度、中国的态度，那就是为和平而来。

所以，我在歌词一开头就对《答案在风中飘扬》作了回答，同时这也是向经典致敬——“为了飞越大海的鸽子，在沙丘安睡。为了穿过天空的炮弹，被永久禁止。我愿铸剑为犁，愿枪炮弯曲。所有冷的热的兵器，统统丢弃。”

“铸剑为犁”，是中国人千百年来对和平、对美好生活向往追求的意象代表，“枪炮弯曲”，灵感来自达利名画《记忆的永恒》中扭曲的钟表，也是具有象征性的。枪炮弯曲，是制止战争、禁止杀戮的呼吁，是对世界和平的希望。当这首歌在开幕式被演唱后，一个朋友问我，这句“枪炮弯曲”，是不是想着联合国总部广场上“打结的手枪”的雕塑写出来的？写的时候我还真没想到这个雕塑，是他们提到才知道的。这就写出了一种“不谋而合”，也恰恰说明，反战、和平的思想理念是世界共通的。

歌曲的第二部分是主旨的延伸。“为了走进童话的孩子，梦照亮现实”，因为和平美好的世界就像童话般的世界一样，值得我们向往。孩子的内心单纯清澈，人类发展命运应该回归自然，回归人与人之间最初的、最单纯的关系。“为了仰望星空的人们，找寻答案”，蓝色的生命星球，应该是整个宇宙中和平的家园，所以我们要“从战争中救出血，和平中救出爱”。

副歌部分是一种总结和概括，是对战争与和平的深入思考，是中国军人的态度宣示，更是让和平薪火永续传递的精神呼唤。军运会圣火火种在“八一南昌起义”纪念馆采集并开始传递，这是薪火火炬的传递，更是和平和友谊的传递。“携手同行四海皆是兄弟”，这是从中国古诗“海内存知己，天涯若比邻”而来，世界人民都如兄弟般友好，这是我们共同的心愿。

我用了 1 周时间把歌词写好，拿给舒楠。虽然提前我俩没怎么商量，但我们有一种默契，歌曲想要的感觉是一致的。原本歌词很长，舒楠从中摘录出来 8 句，作为主歌。当时他已经为歌词谱好了曲，但我们俩对副歌歌词都不是很满意，觉得不够有力量、不够简洁、不够有冲击力。于是我就按照他谱的曲重新填词，突出“和平薪火传递，携手同行四海皆是兄弟”。这样打磨了半个月时间，《和平的薪火》终于完成了。

舒楠选择了成龙、雷佳、王力宏、谭维维 4 位歌手来演唱这首歌曲，他还仔细地分配了每个人负责的乐句，最大限度地发挥他们的个人特色。他让雷佳暂时抛开原有的民族唱法和技巧，采用“白嗓”，唱法往流行音乐上靠拢，表达歌曲的情感更直接，这对雷佳来说也是一个新的挑战。4 个人演唱的版本我也是到开幕式当天才听到，以前我都是听舒楠唱的小样，他唱得就挺好，现场他们4个人唱得也非常好。整首歌词的语言风格是一种现代诗的风格。原解放军艺术学院文学系主任朱向前，曾评价中国当代军事文学、小说和诗歌“很多已经跳出‘农家军歌’的路子”，我当时很受启发。如今中国军队正向世界一流军队迈进，我们的歌曲何尝不能走出“农家军歌”的路子，更现代化一点。其实，从《强军战歌》《我们从古田再出发》开始，我们已经在尝试这种路子，包括音乐调式、旋律的构成、配乐等，都更国际化。

我们探讨过诗与歌词的关系，这次我也想尝试着让一首好诗也能成为好的歌词，让诗歌、歌词统一起来。所以，这首歌里，我将现代诗的韵律与中华民族传统文化相结合。让传统和现代、民族和世界，都在歌曲中自然融合，将意境深远的诗歌，辅以现代化的语言，是一种新的思辨方式和语言关系。编曲时，舒楠在伴奏中加入编钟的声音。编钟是军运会举办地楚文化的代表，也是象征着神圣、庄严的中国传统乐器。它与流行音乐的结合，让曲子有了一种“中国风”和“国际范”的融合。

新的歌曲风格，新的语言风格，这首歌是对军旅歌曲内涵的丰富和扩大。对这种新的表达方式和融合尝试，此次词作者、曲作者、演唱者和使用单位，都能接受且能形成共识，这是很难得的。

“民族风”和“国际范儿”相融合，做的不是简单的“1+1=2”，而应是很自然的、水乳交融般的融合。这一点很难，稍不注意就容易写成“两张皮”。往深一点说，这种创作方式跟整个军旅文化建设方向也是相通的，我们在中国传统文化、中国特色军事文化的基础上，不断融入现代化的元素，这次融合便是在军歌中更具体的呈现。

袁丽萍：人民军队建军90多年来，军旅歌曲的发展历程，您认为可以总结为几个阶段？

王晓岭：我也在思考这个问题。实际上人民军队的历史从某种意义上说也是人民军歌的历史。随着人民军队的成长壮大，军歌也在随着时代的变化成长壮大。我认为有几个阶段比较引人注目，这几个阶段其特征是数量多、经典多、影响巨大、传播久远。一是抗战时期，诞生了以《八路军进行曲》《新四军军歌》《大刀进行曲》《游击队歌》《太行山上》《抗日军政大学校歌》等为代表的不胜枚举的经典歌曲。二是新中国成立以后的五六十年代，有《我是一个兵》《志愿军战歌》《英雄赞歌》《打靶归来》《学习雷锋好榜样》《战士的第二故乡》《我爱祖国的蓝天》《看见你们格外亲》等大量脍炙人口的歌曲。三是改革开放后的八九十年代，有《血染的风采》《十五的月亮》《小白杨》《当兵的历史》《说句心里话》《当兵的人》《为了谁》等广泛流传的歌曲。新世纪以来，军旅歌曲的创作继续砥砺前行，诞生了一些优秀作品，如《当你的秀发拂过我的钢枪》《当那一天来临》《当祖国召唤的时候》《时刻准备着》《强军战歌》《我们从古田再出发》等，但总体上看，当前的军旅歌曲创作与以上 3 个时期相比较，尤其是与当前强军兴军的时代要求尚有差距。其中既有深入生活、人员结构、生存状态、艺术功力、传播方式、多元分众等等原因，也有歌曲创作本身的问题。所以我认为，如何更好地实现艺术性和通俗性的统一，是繁荣发展军旅歌曲的关键问题。

袁丽萍：为什么军歌的发展会出现这三个高峰期?

王晓岭：第一，抗日战争是一种全民族战争，是全国人民都团结在一起，八路军、新四军的军歌是围绕抗战进行创作。第二，当你从战争走向和平的时候，这时候军歌又得适应新的发展，实际上是保家卫国，也是一次大的转型。经过“文革”到改革开放，又是一次大的转型，要适应新时期的形势。任何歌曲的诞生离不开时代的背景。红军时期和解放时期也是非常好的时代，但那两个时代相对短暂。红军时期我们还没有什么音乐工作者，那也是我们的现状，我们的大量歌曲都是根据苏联歌曲进行填词。解放战争时期比较短，当时应该说没有想到摧枯拉朽那么快地解放中国了，等于还没进入高潮就已经结束了，国民党腐朽得太厉害，兵败如山倒。高潮时期跟时间、跨度也有关系。另外音乐有音乐的特点，它不像文学。写快板、写诗，很多红军故事都可以写，很多长征歌曲是靠长征以后对它进行回顾，才出现了长征组歌，才出现了《十送红军》。那些都是解放以后写的，在当时并没有形成高潮，因为当时没有音乐家，客观地说，问题就是这样。所以不论怎么说，在军队实行大变革和大环境下就会形成这种军旅歌曲的高潮，我们为了适应，也得分析新时代士兵的需要。

袁丽萍：您刚才提到了军歌应该适应新时代的需要，像现在“90后”“00后”的战士，还喜不喜欢以往军旅歌曲的风格，您能否讲一下您对此的思考？

王晓岭：现在这个年代，除了一些像《强军战歌》这样的指定性任务，很多战士自己在写自己的生活，类似于军营民谣。当时广州唱片社的音乐编辑吴颂金，在交流时问我能否帮他推荐一个专业的歌手，他说他现在准备搞一组叫军营民谣的歌曲。当时有城市民谣、乡村民谣、校园民谣，他说你能不能发展个军营民谣，这是人家地方给我提的。他问我这么命名好吗，他跟我说完之后，我说你这个主意好，这将来说不定也是一个军歌的发展方向，于是我就推荐了牟青。军营民谣当时还是以专业作为指导，但现在已经不是了。现在有的战士入伍前本身就是歌手或者音乐系毕业的，随着自己学历的提高、音乐素养的加强，写作也更加广泛了。同时随着各种通信传媒手段的发展，军队和地方交流起来也更加便捷、融合。战士们自己也可以在手机上进行K歌或者其他新的演唱方式。伴随着地方歌曲的同步发展，军歌受现在流行音乐的影响也更大一些。可是反过来说，军队毕竟不同于地方，它是一个特殊的集体，它有自己的特点、自己的要求、自己的规范。

我认为怎么样吸收地方流行音乐和保持我们军队的这种优良传统，这个问题解决得还不好，有点随波逐流。对于上级要求写的歌曲，怎么能为战士们所接受和喜欢，这个问题好像没有引起我们的警觉。我们现在有的时候歌曲过于口号化或者过于概念化了，这类歌曲和士兵自己过分的流行化实际上是两个极端，它应该走向一种更好的融合道路。应该写出新时期的《当兵的人》《小白杨》《打靶归来》。我们现在比较缺乏这种新时代的格局。

袁丽萍：您觉得一首军歌需要有什么样的特质，才能经久流传？

王晓岭：从音乐上讲，一首好的军歌要实现艺术性与通俗性的统一。从歌词内容上讲，它得是真实地反映了战士的心声，不是从概念出发，应该是从士兵真实的情感出发的。真实的情感来源于真实的生活，这种真实的生活既得有它的特殊性同时有它的共性。我们现在要不然就是特别有特殊性，比如说写潜艇里边怎么怎么着，但绝大多数人是无法进行体会的。可是你要都是共性也不行，都是能打胜仗、向前冲，太共性也不行，它一定得是真实的，战士们喜爱的。比如说《打靶归来》，战士们都要进行打靶。

从音乐上讲，歌曲的时尚性、民族性、战斗性和抒情性的相互关系比较缺乏。军歌是中国军歌不是外国军歌，它是立足于我们现在军队的成分。现在很多是照着一种模子套，不管什么词就照着现在最流行的音乐风，要不就是老一套，没有找到一个契合点。另外，军旅歌曲不是孤立的，现在更加融入社会。一首军歌真正唱响不是在军营唱响，应该是在整个社会。现在已经不是军歌只是自己唱的那个年代了。我们很多年轻的军旅作者往往缺乏和整个社会的共鸣。缺乏和社会的共鸣点，我认为具体来讲就是比如老百姓关心什么？老百姓关心部队什么？老百姓是关心部队能否打胜仗呢还是关心部队现代化的装备呢，或者你写的生活？老百姓不是军人，他自己的感情能接受你创作的东西吗？如果没有这个共鸣点的话，他对部队的事情根本不关心，那么你写的歌曲地方上也不会唱。所以我觉得，一首军歌的真正唱响应该是在整个社会，真正好的军旅歌曲是与社会有共鸣点的、走出军营的。

再就是要跟上时代、反映时代。军歌创作如何适应军队结构力量的变化，是个很值得研究的问题。但无论怎么变，人的因素和情感温度在歌曲中始终是第一位的，勇气和精神永远是军歌的灵魂。

当然一首歌的流传是有很大的偶然性的，这个要看契机。一首歌曲的诞生、传唱非常难，因为它的偶然性很大，其他因素有了没唱好也不行。还要有好的传播契机，有的时候你写出的歌多少年了也没流传，可能在某个时期它又被重新唱起来了。有的人一生可能就写了一部长篇小说，实际上这是他毕生的积累，一部长篇小说可能就完成了一个作家一生的任务。可是一个词作家不能靠写一首歌，难就难在这了，一首歌往往调动了他一生的积累，可是一个军旅音乐家又不能仅仅只写几首歌，他得写大量的歌，这是非常困难的。

这是音乐和电影、小说不太一样的地方，因为音乐艺术并不是一个固定的艺术，它是流动的艺术，有时候不是个人能够控制的艺术。导演可以控制一个片子，作家可以控制一本书。一个作曲家、一个歌唱家、一个词作家却控制不了自己的歌曲，无法控制是因为谁爱唱她就会唱，你不能强制别人唱。另外，捕捉心态也很难，大家究竟喜欢什么、对什么感兴趣，不是那么容易捕捉的。老百姓的心态也一直在变，所以现在很多歌曲流传得也非常短暂。有的时候大家莫名其妙地就喜欢这个，没有什么原因，你也找不着什么原因，过段时间又喜欢那个了，也找不着很具体的原因。大原因是有的，可是歌曲绝不是因为大原因，它一定是因为某一个具体的细节，你很难知道什么具体时间能够出来。

如果说问题的话，就是现在歌词产量太高，缺乏精品意识。写得多了，命中的概率就会增加。但是大量地生产，往往质量就下降了很多，写了那么多不可能精心地去打磨，往往会产生急功近利的浮躁心态，这也是很现实的事情。

袁丽萍：对军旅歌曲创作者来说，要做好哪些工作？

王晓岭：首先，本人得收集军营生活，最根本的还是得贴近基层。多到一些地方走走，从中得到的第一感受、第一认识，也许就会成为作品的核心警句。创作的路有千万条，深入生活是第一条。以前我们老一辈艺术家到部队，都是自己背着背包、带着粮票，和战士们同吃、同住，像胡可老师他们那一代都是这样。等我当兵的时候已经开始不打背包了，但是也是走到哪里住在哪里，现在这种真正深入战士生活的情况不多见。只有真正把自己跟大家融合在一起，基层官兵才可能把真实想法告诉你，你才能创作出大家真正喜欢的作品。所以，要想文艺作品叫得响、传得开、留得下，创作者就要耐得住、蹲得下、沉得稳，不能急功近利。

我们的歌词作者想在语言修辞上做到语不惊人死不休，往往是精雕细琢的华丽语言排列，看着倒也赏心悦目，以为这就是艺术性，结果却是隔靴搔痒，缺乏灵动的生气和生活底蕴。战士们质朴的语言是最接地气，更能打动人心的。我们到部队采访，不仅要听听部队指战员在说什么，更要注意他们是用什么样的语气和口吻表达的。比如《走上练兵场》说到打靶，不是什么“三点一线”，而是“一天不摸枪，手心就发痒。一枪没瞄好，吃饭也不香”。歌曲《一二三四歌》把军营最常见的呼号写进歌词，听来自然亲切感人。《女兵》唱的是“普通一兵又不普通”，非常符合女兵特有的自豪感。更高的境界是把战士的语言升华，比如《边关军魂》《不要问为什么》《潇洒女兵》，语言既流畅上口，又耐人寻味。近年来的歌曲也有《练为战》《看我的》《有我在》《点火》等短小精干的佳作，都是战士语言入词的范例，但现在我们很多歌曲在形象性和生动性上尚欠火候，缺少“日落西山红霞飞”和“一棵小白杨，长在哨所旁”这样看似平常却蕴含深远的句子，因此整体意象还比较单薄。

第二个就是你的真情实感究竟还有多少？你是不是真心地想写出好的军旅歌曲来。现在很多创作可能是完成任务或者是为了获得奖项，目的不太纯粹。一个好作品的创作应该是不带功利性的，军歌也是如此。完成任务应该是一个大的概念，是自己的职责。我们现在写歌太急功近利了，心态不太端正。

第三个就是技术问题。写首歌是从什么角度，从什么侧面？我们可能没找到歌曲的要害，缺乏“眼力、笔力、功力、心力”这四种功力。这“四力”，其实就是一种音乐的技术手段的问题。

创作者应该多学习民族音乐语言。中国是民歌的海洋，成功的歌曲里一定是有民歌影子的。当年我们拿着录音机去录民歌，现在你只要网上搜索就可以听了。全国的民歌浩如烟海，如果你能都听一遍，自然很多东西就会了。

袁丽萍：当前在改革强军的大背景下，我们应该如何用音乐反映军队的新变化？在歌词创作中要规避哪些错误倾向？

王晓岭：军歌创作如何适应现代军队结构力量的变化，是一个值得琢磨的问题，就是什么样的歌曲以什么样的切入角度和什么样的音乐风格来写出咱们军营和军队的新的变化。其实现在伴随着人民军队的转型重塑，对军旅歌曲创作者来说是一个非常好的机会。

军旅歌词容易犯的毛病是，一写大的题材，经常是概念的罗列，把政策性的方针口号填充为歌词的主体，尽管在语言的排列组合上费足力气，仍显得大而空。而一写具体的事物，又陷到另一个极端，写得太过于琐碎。这两类歌曲也不排除在一定的范围内表演传唱，尤其是后一类歌曲易于引起局部的共鸣，比赛中获奖率很高，但难以产生更广泛的影响。经验证明，真正能大范围流传的歌曲，写宏观不等于概念口号，比如《太行山上》《游击队歌》《英雄赞歌》《神圣的战争》；而写微观和细节又注意到普遍意义，比如《打靶归来》，是军人都要打靶，再如《小白杨》，军营中到处都有白杨树。我觉得现在很多军歌，单纯性、鲜明性、简练性不够，有时写得复杂了。当时听着非常震撼，但是过后缺少回味。我认为是信息量太大，提纯不够，捕捉点的精密度不够。要唱得响，留得下，就要更简明、更单纯。

近年来，为了跟上新军事变革浪潮和我军建设发展步伐，有的词作者把数字化、网络语言直接写进歌词，以为这样就出新了，就是艺术性的“高大上”了。实际情况说明，这些难懂的军事术语只是表层现象，弄不好反而成了认知和接受的阻碍。回想当年的《战斗进行曲》也写了“擦好三八枪”，那是从大刀长矛转向热兵器的年代，但重点抒发的是“撂倒一个俘虏一个，缴获它几支美国枪”的英勇杀敌气概。苏联卫国战争时期的《喀秋莎》是一首歌颂英雄的爱情歌曲，战士们却以姑娘的名字为新式武器火箭炮命名。就是刚才说的人的因素和情感温度在歌曲中始终是第一位的。

很多人以为文字技巧就是功夫，实际上文字技巧只是功夫的一个层面。最终没有技巧的时候才是真正的技巧，真正的技巧是不见技巧，也就是无招胜有招。我们总是靠华丽的辞藻，靠文字的排列，认为这样才是文字。音乐有时候故意写得复杂，反而写得不上口了。

袁丽萍：创作这么多年，您有没有一直要坚持的东西或者说一直不能变的东西？

王晓岭：我认为不能变的东西，一个是当你准备写东西，下笔之前一定要反复思考。有的点可能突然触发了你，你得抓住这个契机反复想，抓不着什么契机，你就得苦思冥想。我们现在往往是数量多于质量，往往是质量不够，数量来凑。我认为每次写一首新歌得让自己处于一种不会写的状态，从零开始，不能照搬以前的套路。一定要告诫自己，不断地归零。每一首成功的新歌，实际上等于已经堵住了一条路，你再照搬以前的模式是行不通的。我们要学习它，想想别人到底是怎么成功的，但应该避开它，寻找到自己新的切入角度。比如怎么开头，核心字眼在什么地方，高潮在哪？选材很重要，你要选择一个什么题材、什么题目？一个名字像眼睛一样很重要。比如《小白杨》会告诉你是小白杨；比如《当兵的人》这首歌多了个“人”字，说歌名是“当兵的”，可能意思是反面的，但“当兵的人”就成为正面的了；比如《强军战歌》原来叫《强军之歌》，当时某位机关同志提出来了，说“之”字不如那个“战”字好。我一想是这样的，这是战歌嘛。有的时候一个字都能起到关键作用，但是往往我们就是缺乏这样一个点，缺乏这种深思熟虑。当时的歌曲已经写好，后来真的改成了《强军战歌》，现在反过来想，如果这首歌叫《强军之歌》，可能很难提起将士们的士气。

第二个不能变的就是应该创造各种机会到部队。主动的也好或者被动的也好，比如我现在已经70岁了还经常去走边防，还继续到部队去，我也下潜艇，钻进现代数字化的坦克，到空军机场。不仅是军营，还去地方的革命老区，西柏坡我去了9次。创作《天下乡亲》时，开始是上级要求我们去，最后我们主动去，一次不行再去一次。我最近还去了几次沂蒙山，写了歌剧《沂蒙山》。

袁丽萍：作为共和国的同龄人，在您和祖国共同成长的过程中有没有什么特别难忘的记忆？

2019年，王晓岭在书桌前留影（王晨光 摄）

王晓岭：我是在开国大典的礼炮声中出生的，出生在1949年10月。1959年国庆10周年大典的时候，我是作为小学生在天安门前放和平鸽。1969年国庆20周年的时候，我离开北京到陕西当兵。1979年30周年的时候，我调回北京去了军乐团，作为预备队员参加了国庆军乐团的演奏。1989年40周年的时候，举办了一场《人民军队爱祖国》的大晚会，那一年是全军双拥晚会的起头，我是晚会创作团队的。1999年50周年大阅兵的时候，《当兵的人》在天安门广场演奏，2009年60周年的时候《当那一天来临》在天安门广场演奏。2019 年 70 周年的时候，我参与了国庆晚会。所以每一个 10 周年国庆，我和祖国还真是有一种不解之缘。作为我们这一代人，其实是比较幸运的，我们是红旗下长大的一代人，是和新中国同行的一代人。我们幸运地见证了新中国成立以来 70 年的发展，见证了新中国一步一步地走向繁荣富强，见证了人民军队走向现代化，向世界一流进军。每个节点既是见证者也是参与者，也是用我们的笔，为这个时代放歌。我是军人，又是从事音乐传播的文艺工作者，这是我们这代人责无旁贷的工作，同时也是一种历史的机遇。

（李建对本访谈亦有贡献）

王晓岭在《音乐公开课》节目现场（王晓岭 提供）

创作感言

思考者

袁丽萍

诗人布莱希特曾说，思考是人类最大的乐趣。

几十年来，王晓岭一直是个乐于思考的人。在他身上，我充分感受到思考这座桥的力量——它让我们得以通向新知识。

采访中，他将这些年对军歌、对军旅音乐、对军队文艺的思考，一股脑地掏了出来。

《强军战歌》《当那一天来临》《天下乡亲》……他说，歌词要写到战士心里去，主旋律主题，也要讲求艺术水准。

尽管创作了众多经典歌曲，王晓岭对此却并不满足。他的母亲，是写出“一天不摸枪，手里就发痒。一枪没瞄好，睡觉也不香”的著名词作家刘薇。他说，对当代军人的深厚情感和洞察入微，他远不及母亲。

如何让军歌唱得响、传得远、留得住，仍然是他思考的重要命题。

新时代的军旅文艺道路上，需要这样的思考者，期待未来涌现更多这样的思考者。

2019 年 10 月

让民族性与时代感交相辉映

——对话作曲家王祖皆 张卓娅

王祖皆，1949年出生，著名音乐家、国家一级作曲。曾任南京军区前线歌剧团作曲、前线歌舞团副团长、总政歌剧团团长等。

张卓娅，1952年出生，著名音乐家、国家一级作曲。曾任南京军区前线歌舞团乐队演奏员及作曲、总政歌舞团创作室作曲等。两人并肩携手40多年，创作有歌剧和音乐剧《芳草心》《党的女儿》《野火春风斗古城》《永不消逝的电波》《玉鸟“兵站”》、舞剧《繁漪》、合唱套曲《南方有这样一片森林》、影视音乐《周恩来在上海》《省委书记》《苍天在上》等众多精品佳作，其作品多次获文化部“文华大奖”、中宣部“五个一工程奖”、广电部“金钟奖”、解放军文艺奖等。《小草》《两地书·母子情》《我心永爱》等歌曲家喻户晓，广泛流传。

袁丽萍：您二位是军队文艺界有名的“伉俪作曲家”，当年是怎样走上创作道路的？

王祖皆：卓娅成长在一个部队文艺工作者家庭，她十几岁时就有作品，创作的歌曲《加快步伐朝前走》被灌录成密纹唱片在全国发行。1969年，她考入南京军区前线歌舞团。我也是那一年考上了空军原第四集团军的演出队，开始学习作曲创作。1973年，我俩成了上海音乐学院作曲系的同窗。我们读书时便约定好：毕业后一定要合作一些有分量的音乐作品。1977年毕业后，我选择二次入伍来到前线歌剧团担任作曲。

袁丽萍：歌曲《小草》从20世纪80年代流传至今，它为什么能被几代人所喜爱？

王祖皆：这首歌是歌剧《芳草心》的主题歌，创作于1983年，由编剧向彤、何兆华作词，我们俩作曲。这首歌，展现的是普通民众热爱生活、甘于平凡、乐于奉献的精神境界和20世纪80年代青年人的乐观豁达，歌词朴素中见真谛，旋律婉转中蕴藏力量，听起来就像一个好友在娓娓道来。其创作风格，与当时大部分的歌曲形成了对比。歌曲一经面世，就受到听众尤其是年轻听众的喜爱。1985年央视春晚，在《芳草心》中饰演女主角芳芳的歌唱演员房新华，演唱了《小草》，让这首歌一下传唱开了。后来有歌唱家在老山前线演唱了《小草》，歌曲里蕴含的奉献精神与前线战士顽强勇敢、不畏牺牲的英雄精神产生了共鸣，

创作歌剧《芳草心》期间，王祖皆（右二）、张卓娅（右一）、向彤（左二）、何兆华（左一）四位作者在交流（王祖皆 提供）

歌曲被融入浓浓的战士情怀，这首歌也非常受部队官兵的喜爱。

张卓娅：战斗英雄史光柱、残疾青年张海迪、数学家陈景润等人都把自己比作“小草”。2008 年，《小草》被评为“改革开放30 年全国流行金曲”，评委会给的评语是：作品独特的视角和民谣体旋律的结合，不仅表达了普通士兵的情怀，更代表着平凡大众的朴素情怀，是公益流行歌曲的开拓性代表作。我们夫妻俩，以及在《芳草心》中同时成功扮演芳芳和媛媛两个角色而获得“梅花奖”的房新华，都出席了在深圳举办的颁奖典礼。组委会还特地请来了战斗英雄史光柱和第一位伴奏《小草》的吉他演奏家吴子彪一家上台，跟我们一起演唱了《小草》。

袁丽萍：1984 年，歌剧《芳草心》赴北京参加全国现代题材戏曲、话剧、歌剧观摩演出，荣获了包括音乐创作一等奖在内的 9 项大奖，全国有几十个专业演出团体相继排演了该剧。这部剧是如何创作的？

王祖皆：1982 年底，我们一家四口（我、妻子张卓娅、岳父张锐、岳母俞频）都是上海音乐学院不同时期的校友，一起参加了校庆活动。同去参加校庆活动的，还有前线歌剧团的老同志、主要演员黄晓苏老师。她告诉我们，最近上海人艺正在上演一部根据同名评弹改编的都市生活题材话剧《真情假意》，非常受欢迎。当即我们就请她帮忙找票，去观看了这部话剧。我们看完后很是兴奋，觉得此剧无论戏剧性还是音乐性方面，都为改编成歌剧提供了极佳基础，同时也有利于我们实现在歌剧创作上有所创新、有所突破的艺术追求。于是，前线歌剧团很快便组成了由编导室主任俞频牵头，由向彤、何兆华编剧，我和张卓娅作曲，苏驼任导演的创作组，用立体操作的方式来改编此剧。

我们觉得，作为歌剧的剧名，《真情假意》不够诗意，遂取“十步之泽，必有芳草”的寓意，由俞频提议把剧名改成了《芳草心》。由此，我们找到了深化主题的契机：芳芳，芳草，芳草一样的平凡，芳草一样的无私，芳草一样的真诚，芳草一样的给予……

因为《芳草心》反映的是20世纪80年代城市青年的现实生活，我们觉得它的格调应该是清新、淡雅的，不应该写得浓重、繁杂。为此，我们选用了以节歌式的抒情唱段为主体，间以戏剧性的对唱、重唱、合唱这样一种音乐结构形式，使用了民歌、苏州评弹与沪剧等音乐素材。这种结构形式也正好体现出音乐剧的某些特点。

音乐剧是20世纪世界最重要的文化成果之一。它的综合性、现代性、多元性、灵活性、商业性以及通俗而时尚的艺术风格，征服了亿万观众，已成为受众面最广的当代音乐戏剧样式而风靡全球。这一具有规模化运作和产业化发展前景的“朝阳艺术”，也引起了中国艺术界有识之士的高度重视和青睐。在这样的情势下，我和卓娅在求新（追求作品的时代感）、求变（追求作品的多样性）、求美（追求作品的艺术性）的创作观念指引下，与编剧向彤、何兆华等主创一起改编创作了歌剧《芳草心》。

1984年，前线歌剧团并入歌舞团。由歌舞团团长何仿带队，该剧赴北京参加了全国现代题材戏曲、话剧、歌剧观摩演出，荣获了包括音乐创作一等奖在内的九项大奖，引起了强烈反响。全国有几十个专业演出团体相继排演了歌剧《芳草心》。同年，此剧中的唱段登上了庆祝建国三十五周年天安门国庆游行彩车。这部剧还被拍摄成电影、电视音乐故事片，出版了单行本和专辑音带。剧中的主题歌《小草》迅速传遍全国，成为新时期中国原创歌剧和音乐剧中流传深广的一首主题歌。

对于《芳草心》，歌剧前辈、戏剧理论家张庚先生在《中国歌剧史》序中给予了充分肯定："我看过的歌剧《芳草心》就很成功。它用了民歌、说唱音乐，包括苏州评弹与沪剧，很好听。它的歌词通俗易懂，音乐优美动听。"不少专家、学者也给予了高度评价，认为歌剧《芳草心》是80年代获得很大成功和广泛影响的佳作，它从内容到形式新颖别致，令人耳目一新。

袁丽萍：一说起改革开放后的战地歌曲，我们总会想到那首《两地书·母子情》。浓郁的情感、悠扬的旋律加之深邃的思想内涵，让这首歌充满艺术感染力。这首歌的创作灵感来自于哪儿？

王祖皆：这首歌曲是合唱套曲《南方有这样一片森林》的其中一首。生活是创作的源泉，创作的灵感只能到生活中去寻找。创作前，我们去采访从前线撤回的参战部队官兵。战士们告诉我们，在前线，最难过的不是打冲锋，而是蹲在猫耳洞里待命。整夜，每个人都会像过电影一样，把一生中的大小事情想个遍，可是想得最多的还是妈妈。在家乡的妈妈呢，她们最牵挂的也莫过于在前线作战的孩子。"等到凯旋回家乡，欢欢喜喜在一起"，正是千千万万母子的共同心愿。受此启发，我们创作出这首歌。它的音乐语言很新，但同时又是充满民族性的。

它采用男、女对唱加混声伴唱的形式，旨在变一对母子关系为千万对母子关系，变母子关系为前方与后方的关系、祖国与战士的关系，从而拓展了它的思想和艺术内涵。

张卓娅：后来，一位去过前线的歌唱演员告诉我们，参加过这场战争的战士们把他们十分喜爱的《小草》和《两地书·母子情》的歌谱，镌刻在老山前线主峰石碑上。作为军旅作曲家，我们为此感受到的那种欣慰、那种幸福感和成就感，让人难忘。

袁丽萍：合唱套曲《南方有这样一片森林》的创作历程是怎样的？

王祖皆：继《芳草心》后，我和卓娅想试着创作一批通俗风格的部队歌曲，那时年轻战士们都特别喜欢通俗歌曲。正在这时，有一位朋友从前线带回一张照片，是16位勇士冲锋前的合影。他们是那样的年轻，可就是这场冲锋以后，一个人都没能回来。当时，前线英模报告团的报告也在全国引起了巨大反响。是啊，他们也都有幸福的家庭、美好的生活，可是为了祖国和人民却甘愿舍弃一切，在战斗中表现出非凡的勇敢、承受了无比的艰辛、做出了巨大的牺牲，这一切让我们受到极大的震撼。我们再也坐不住了，同是军人、同是青年，我们的心已被点燃，深切地感到有责任和义务去描写他们、歌颂他们！

王祖皆与张卓娅的代表作著名歌剧《野火春风斗古城》剧照

张卓娅：由于当时南京军区参战部队已调防，从前线撤回，所以我们要求去战斗一线生活的请求未获批准，只能改去杭州采访已撤回的参战部队。

采访中就听说了，在参战部队返回的途中，群众自发地组织了欢迎。不少大学生摘下了玉兰花，把它们撒在灵车上。许多年轻人拥向战士，紧握着他们的双手，泪流满面地争相要求签名留念，可战士们都不约而同地写下了“理解万岁”这四个字。来到参战部队后，我们采访了突击队员、军工战士、学生军官、战斗英雄以及伤病员和来队家属，还去灵堂祭奠了烈士，看到许多动人的情景，听到许多动人的故事。

王祖皆：创作是一个寻找的过程：模糊—半模糊半清晰—清晰，这也是一个艰辛的过程，免不了搜肠刮肚地上下求索，免不了彻夜难眠的苦思冥想。而且创作常有一个疲劳期，就像登山一样，必须咬紧牙关完成最后几步最艰辛但也是最有价值的登攀。因为“行百里而半九十”，不登到山顶，你就看不到无限风光。应当承认，我和卓娅是饱受这次创作折磨和煎熬的。

特别要感谢的是我俩的忘年交词作家向彤。他身患癌症，在动完手术后，冒着酷暑、放弃休假，来到杭州与我们共同奋斗。我们每天在一起边碰撞、边构思。经过一段时间后，形象慢慢具体了，内容慢慢充实了，感情慢慢凝聚了，思路慢慢开阔了：无数在战斗中牺牲的战士，他们的鲜血滋润着大地，他们的身躯化作了森林，像一座绿色的长城，像一道绿色的屏障，抵御着寒流风沙的侵袭，护卫着祖国和人民的安宁。人们永远也不会忘记：有树的地方生长着幸福，有树的地方充满着希望！

有了这一意象后，我们用《南来的孩子，北来的少年》《军工路》《两地书·母子情》《哩啰哩》《假如》《壮士一去头不回》《摇篮》《大森林》8 首曲子，加上贺东久为每首曲子撰写的朗诵词，一起结构成了合唱套曲《南方有这样一片森林》。为了适应“读图时代”大众的观赏心理，我们与编导王庆生、肖亚军、周冬鸣一起反复研究决定，除了根据乐曲的内容不断变换动作造型的合唱队主体以外，还增加了主持串联、画外朗诵、舞蹈背景、哑剧表演，加上舞美、灯光和化服道的有效配合，努力使其获得视听结合的良好艺术效果。

1986 年，由陈稼华团长带队，合唱套曲《南方有这样一片森林》参加了全国第二届北京合唱节比赛，在合唱指挥家马革顺教授的指导下，由常畅执棒指挥，荣获了演出一等奖。1987 年，该作品又荣获了全国第五届音乐作品奖。由孙振华、成达泰演唱的选曲《两地书·母子情》也深受大家的喜爱，在全国被广为传唱。

1998 年，张卓娅与原总政歌舞团演员们在江西抗洪大堤上给战士们演唱新作品（张卓娅 提供）

袁丽萍：为建党 70 周年献礼的民族歌剧《党的女儿》在军内外引起很大反响，获得了“文华大奖”等很多个奖项，并在全国巡演了几百场，实现了社会效益和经济效益的双赢。

王祖皆：这部剧当时调集了全军的优秀创作力量，担任作曲的，除了我和卓娅以外，还有印青、王锡仁、季承、方天行。我们以饱满的热情，以 3 天完成一场戏的速度，18 天完成了全剧的文本和音乐创作，这在歌剧创作史上是空前的。

在这部剧之前，中国早已涌现出《白毛女》《小二黑结婚》《江姐》《红珊瑚》等很有影响力的民族歌剧。我们如何实现突围、创新，是最大问题。考虑到该剧故事发生在江西苏区，我们本想用当地的兴国山歌和采茶戏为音乐素材，但山歌音调简单，其风格、分量、难度都无法支撑一部大戏，也难以达到板腔体应有的戏剧张力。从哪里找素材？我们苦苦思索。

有一天，卓娅偶然间在电视上看到山西运城蒲剧团武俊英演唱的《苏三起解》片段，曲调高亢激昂，正是我们想要的素材，我们对此进行了学习和分析，由此建立了“坐北朝南”的音乐架构。剧中的主角田玉梅音乐形象是壮美的，为她选定以刚健、细腻、适合人物激情奔放发挥的蒲剧音乐素材为主打造主题。剧中的桂英音乐形象是柔弱的，为她选定具有赣南采茶系、兴国山歌、情歌等特点的音乐素材来打造主题。看来这样的选择收到了很好的效果。

袁丽萍：2011 年，为庆祝建党 90 周年而创作的歌剧《永不消逝的电波》，被人们称为我国第一部红色谍战题材歌剧。您当时是原总政歌剧团的团长，是该剧的组织者和主要创作者，能否介绍一下这部剧及创作经历？

王祖皆：为创作好这部剧，原总政歌剧团组织主创人员三赴上海，到剧中原型李白的故居、上海历史博物馆和剧中人物工作战斗过的地方采风体验，还承蒙李白之子李恒胜先生提供了其父许多当年生活、工作的宝贵资料和真实事迹，为成功改编打下了坚实的生活基础。

这部剧在艺术构思上紧紧围绕“情”“真”“新”三个方面。歌剧重在抒情，这部剧在生动感人的情感冲突中，讴歌了共产党人的大情大爱和浩然正气；在构架跌宕起伏的情节的同时追求细节的真实可信，力求做到无论主角配角，都有血有肉、真实细腻；用新的视角、新的人物关系、新的冲突构置、新的叙述方式和表现手段，实现了对红色经典作品的创新，表现了“追寻永不消逝，信仰永不消逝”的时代主题。

袁丽萍：这部剧实现了现代性与民族性的融合，在创作中是如何体现其音乐特点的？

张卓娅：在音乐的处理上，我们以上海、江苏地区的戏曲、曲艺、民歌为主要素材，融入了 20 世纪三四十年代流行于上海地区的音乐元素。在音乐创作上，我们首先力求准确，既要符合故事发生的时代和地域，又要符合人物的个性和戏剧的规定情景。其次是力求动听，既要有优美的旋律，又要有丰富的形式，唱法上也是民族、美声、通俗兼容。

再次是力求时尚，既要适合今天观众的审美需求，又要带有“海派”文化的特质。我们还在这部剧中尝试了中国式的宣叙调写法，使其既适合歌剧的需要，又适应中国观众的欣赏习惯。

袁丽萍：在改编红色经典剧目时，要注意哪些问题？您对今天年轻的文艺工作者们有何建议？

王祖皆：我觉得必须充分理解和尊重原著，必须坚守住原著所传递出来的爱国主义和革命英雄主义的精神内涵。索洛维约夫·谢多伊说，“时髦的东西瞬息即逝，而民族的传统却世代相传”，民族歌剧创作要回归民族歌剧本体，保持民族歌剧特质，继承民族歌剧传统。我们要多学习《白毛女》《洪湖赤卫队》《江姐》等优秀民族歌剧的成功经验，以戏剧为基础、以人物为核心、以音乐为主导，解决好音乐的戏剧性和戏剧的音乐性这一主要矛盾，用歌剧的特殊方式去寻求主题的深化。

对年轻的文艺工作者而言，还是要深入生活、肯下苦功。希望大家在继承发扬民族音乐传统的同时，多一些创新、多一些变化，创作出让自己满意、人民满意的精品佳作，不辜负这个伟大的时代。

创作感言

执着·苦功

袁丽萍

这是一次不太一样的采访。采访赶上疫情，只能通过电话、邮件进行。

采访时间与方式的改变，让这场“对话”进行得更加沉静，也让我更清晰地感受到“伉俪作曲家”的真诚谦逊。

采访前，我听了几遍《我心永爱》——歌剧《玉鸟“兵站”》中女主角阿朵所唱的咏叹调。这部剧中对藏族、白族、纳西族等民间音乐素材的完美使用，让人赞叹。两位作曲家在这次创作中不知要付出多少上下求索的苦功，才能实现旋律中对民族性和时代感的和谐交织。

他们的创作座右铭是“绝不走老路”，执着于追求“新”和“美”。但同时，他们又一直坚持“回归民族歌剧的本体”，在传承、发扬民族传统的道路上，是当之无愧的身体力行者。

他们说，“音乐是第二生命”。几十年来，他们艰辛登攀，才有了艺术生命的长青。

的确，艺术的别名，是执着。

而执着的背后，是从不曾改变的热爱与日积月累的苦功。

2020 年 2 月

树高千尺不忘根

——对话词作家石顺义

石顺义，著名词作家，河北沙河人。1949 年 11 月出生，1970 年入伍，原空政文工团创作室主任。他创作的歌曲曾多次获得中宣部“五个一工程”奖、解放军文艺奖等，其中《说句心里话》《父老乡亲》《一二三四歌》《想家的时候》《兵哥哥》《我的士兵兄弟》《军人本色》《白发亲娘》等多首歌曲，在军内外被广为传唱，产生了深远影响。

袁丽萍：您曾在原第 63 集团军某炮兵团服役 8 年。有人说，这 8 年为您今后的创作注入了最真实的情感。您怎么看？

石顺义早期留影（石顺义 提供）

石顺义：我出生在农村，1970 年入伍到了 63 军 189 师炮团。部队在山西，驻守在黄土高坡的农村。我们那时候条件比较艰苦。一个是山西当地就比较苦，另外就是那时候部队没有营房。因为这个部队是一个新组建的部队。我在那儿当了四五年的兵，都没住过营房。后来是部队自己动手，战士自己烧砖、打坯、垒墙建的营房。没营房的日子里，我们就住老百姓家里，一个连队就住一个村里，一个班就住一个院子里。当年我们吃的主食，叫钢丝面，是用高粱面和小米面一块儿弄的，粗粮 70%、细粮 30%，其实就是老吃粗粮。记得那时候，因为没有营房，连队集合就在院子里，训练就在操场上。吃饭一般也没个座位，就围着吃饭。那时候部队随时拉动，训练、野营也多，所以当时物质上是贫乏的，生活上比现在艰苦得多。但是从另一方面讲，那时候我们也都受到了锻炼。这几年的生活，让我得以深深了解基层部队的生活和战士们的情感，而且我们和老百姓的关系是非常密切的。这培养了我对人民群众的深厚感情。后来我能写出《说句心里话》《父老乡亲》，能写出一些战士喜欢唱的歌曲，跟这几年的生活密不可分。

袁丽萍：您是如何走上歌词创作道路的？

石顺义：从我的家庭、我的背景来讲，本来我这人和音乐是无缘的，我是真正从部队成长起来的。我不是像人家说的“世家”，就是父母都是搞音乐的；也不是“科班”，上过音乐学院、留过学。我纯粹就是从当战士、当班长、当排长、当宣传干事，后来才转到这个领域来的。

石顺义参加活动时留影（石顺义 提供）

当战士时，我写了很多诗，其中发表在《解放军文艺》上的一组诗《浪里练兵歌》，比较有影响。后来就认识了来部队采风的张士燮、石祥、刘薇等老师。他们建议我往歌词上转一转。我说我没干过，干不了。石祥老师鼓励我说，他以前也没干过，但诗和词毕竟是姊妹艺术，在文学上是相通的。他说：“你有基础，再寻找、摸索到音乐的感觉，就能写了。”但这个“摸索”不是那么简单，我一摸索就摸索了整整10年。我1979年调到空政文工团，直到1990年才写出一首有传唱度的歌，就是《说句心里话》。

袁丽萍：《说句心里话》的确传唱度很高，曾被评为“90 年代战士最喜爱的歌”。这首歌从 20 世纪 90 年代一直流传到现在，为什么会受这么多人喜欢？

石顺义：在我看来，它鲜活地表现了一个具有普通人各种情感的解放军士兵的心声，所以它有生命力、有传唱度。它是从生活中来的，就得益于我刚才说的我那 8 年的部队生活。没有在山西当兵的那段岁月，没有当时部队那种艰苦、那个想家，歌里的那种感情不会那么浓郁。为什么越是艰苦地方、偏远地区，大家越喜欢唱这首歌？比如新疆的边关哨所，还有阎维文给我讲到的西沙的一些海岛。为什么基层战士一唱就那么有感情、那么有共鸣？因为战士也是人，也有人的七情六欲。这首歌里有一种人性的东西，那种朴实的语言，触动了人的内心。

还有一个，当时正好部队在强调新闻宣传、思想政治工作中别说那些假大空的话，都要说真话、说心里话。这点很触动我。我就想，基层战士，他的心里话是什么呢？你要让他发言，他会说什么？

我就想起我在新兵连时，指导员给我们上政治教育课。指导员是过来人，很有这方面经验，他问：“你们当兵入伍为了什么？”我们就喊：“保卫祖国！为人民服务！”新兵羞于说是为了进步、为了入党，不敢说出口。然后他又问一个十五六岁的战士：“你想家吗？”“不想！”再问：“想不想？”“不想！”我们都跟着喊。“说心里话，到底想不想？”“我想家。”小战士一下子就掉眼泪了。写词时，我的脑海里就是新兵入伍教育的那个情景。新兵不可能不想家，只是不敢说，怕说想家不光荣。所以说想家是真心的东西。但是我们想家，首先想谁啊，肯定想妈妈。年轻人你想什么啊，有恋人的，你肯定想你的对象。你的妈妈、你的恋人就是你心中最好的、最美的人，你最想她们。但是你当兵是为什么？我们还是为了最爱的人。“你不扛枪，我不扛枪，谁保卫咱妈妈，谁来保卫她”，这是很人性化的东西。

第二段里，“说句心里话，我也不傻，我懂得从军的路上，风吹雨打”，当兵的确很艰苦。“说句实在话，我也有情”“人间的那个烟火把我养大”，但是“话虽这样说，有国才有家”，“你不站岗，我不站岗，谁保卫咱祖国，谁来保卫家”，这就是升华了。这首歌它没有花里胡哨的语言，战士一听，他觉得你不是在说大话，就觉得这首歌是在抒发他自己的内心情感，一下就接受了。

再说这曲子，是士心创作的。他是我们军队相当有才华的一个作曲家，可惜英年早逝，才 38 岁就去世了。咱也不说别的，就这两首歌，一个《小白杨》，一个《说句心里话》，多少人一辈子也写不出来。我们俩还写过一首歌叫《唰啦啦下起小雨》，也是阎维文唱的。士心是 38 军的，我是 63 军的，这个人还当过侦察兵。他爸爸是刘明源，有名的板胡大师。所以士心写的曲子好，旋律好，对民族音乐非常熟。

一开始我们俩不认识，就是工程兵政治部组织我们去部队深入生活，我们俩一起去，就认识了。他就跟我聊天，说最近他们在忙全军第四届调演的事情，有一个演员叫阎维文，找他要歌。阎维文唱过《小白杨》，现在又想找他写一首。他问我：“你有什么好词，咱写点掏心窝子的，别写那种上来就什么我们怎么着这种理念、概念、口号的话。”

我说巧了，就给他念了《说句心里话》。士心也在基层当过多年的兵，知道战士的这种感情。他说：“这个行，你放我这吧。”过了一两个月，没信儿，我以为拉倒了吧。

然后突然有一天夜里，砰砰砰，就我对面的邻居敲我的门，他是我文工团的队长，他屋里有电话我没电话。士心电话打他那去了。队长说：“那个总政的大胡子给你打电话，你接个电话。”哎哟，我说原来是谁，就这士心嘛。然后我就到队长家里，都夜里 12 点了，士心就在电话里唱起来了，“说句心里话，我也想家，家中……”他会唱歌，作曲家唱歌在某种意义比单纯唱歌的人感觉更好。他说这歌啊，等着看吧，会火。后来这首歌果然就被唱响了。

这歌上过两次春节晚会。为什么上呢？因为这歌受部队欢迎，战士们都喜欢。当然也有人说，这歌唱得大家都流眼泪，春节让大家唱这个好不好。但是我要说的是，掉眼泪不一定是懦弱，眼泪是一种力量，因为音乐感动了你。不是说哭了，我就害怕、就不愿意当兵。不是，是它感动了你，你才愿意当兵，因为它真正把人的力量激发出来了。它是人性的光芒照耀着这首歌。人所共有的东西、人的感情，其实是最珍贵的。我们战士，你具有人性的东西，他可能在战场上更有力量。老将军皮定均在兰州当司令的时候就说："你这样的新兵想不想家？""不想家。""不想家你爱国吗？你连家都不想，你能爱国吗？"这个东西就是家国情怀。就说我们的歌曲，它无非两种，一种就是昂扬向上、振奋的、雄赳赳气昂昂的，比如队列歌曲，《一二三四歌》唱起来走起来，像《大刀向鬼子们的头上砍去》那种；还有一种就是《十五的月亮》《血染的风采》《说句心里话》。两种不同的歌，其实对战士都是一种激励鼓舞。我们既要有勇往直前的歌，又要有抒发战士内心感情的歌，这都是正能量，都是鼓舞人心，不能厚此薄彼。

袁丽萍：部队官兵天天喊的"一二三四"，也被您创作成了一首《一二三四歌》，非常受大家喜欢。您怎么想到创作这首歌的？

石顺义：这首歌是阎维文约我写的。它是受什么启发呢？他想要一首演唱中能跟观众互动的歌。就是我在唱，战士能够呼应，这是第一点。第二点，他又讲，作为一个演员，一般下部队要好几首歌，你不能说唱了《小白杨》，又唱《说句心里话》，又唱《想家的时候》，都是抒情的歌曲，得有一个一下就立起来的、演出效果很振奋的歌。从他的演唱需要（出发），他需要这么一首歌。阎维文说："我老忘不了部队排山倒海地喊'一二三四'的情景，把这个写成一首歌多好。"我觉得这个想法挺好，就说"交给我吧，我去琢磨"。"一二三四"，是个口号啊，怎么在歌曲里反映？我给它加了个"歌"字，赋予它一种形象。"一二三四"你战士老唱、老喊就是个歌，把"一二三四"当成一首歌。这"歌"谁教我的？我当了兵了就"绿色军营教会我"。唱得怎么样？"唱得山摇地也动，唱得花开水欢乐"。唱给谁的？"唱给妈妈和祖国"。后面我借了"藏头诗"的形式，"一杆钢枪交给我，二话没说为祖国，三军将士苦为乐，四海为家，哪里有我，哪里就有战士的歌……”第二段，有“一条大路多宽广，二月春风拂面过，三山五岳任我走，四海为家，哪里有我，哪里就有战士的歌”。这样就把“一二三四”形象化了，赋予更深的内涵。

我写好词，臧云飞来谱曲，然后他再跟阎维文去磨合，所以说这首歌是大家的力量。这首歌是1993年冬天写完的。那年央视春节晚会前，大冬天，下着雪，我们仨打了辆黄面包车，赶到春晚剧组去送这首歌。郎昆是导演。到了他办公室，我跟他说：“郎导，我们这首歌您听听。这首歌和《说句心里话》不同，是另一种风格的。”臧云飞拿了一个巴掌大小的录音机，“咔”把磁带往里一摁，就开始播了。那是第一版的歌曲，伴奏简单，录音效果也一般。但就放了两分钟，导演“啪”地一摁录音机开关，说：“太棒了，就是它了。”导演一听这个，是他需要的这种，他觉得一定能流传开来。他们导演和我们有共识。导演就说：“不听了，马上准备录音，重录。”我上春晚的许多歌，这首歌是最容易的。

袁丽萍：歌曲《父老乡亲》大气深情，朴实真挚，感动了很多人。而时过多年，这首歌仍然余音不绝，绕梁久久，成为经典。

石顺义：20世纪90年代初的一个晚上，我下班回家，妻子说有个陌生人送来几斤绿豆、几斤小米，也没留名字，只说这是我家乡特产。我一看，那个装米的粗布口袋还打着补丁。我知道，这是某个一直没有忘记我、却已被我淡忘的父老乡亲送来的。我心情很不平静，回想起我的成长经历。

我出生在农村，入伍多年部队也一直驻守农村，中国传统农民那勤劳善良朴实憨厚如老父亲般的形象一直深刻在我的心头。他们亲昵抚摸我的额头，呼喊我的小名，将一把花生，一块红薯，饱含深情地捧到我的手中。在那个物质生活极端贫乏的年代曾留给我多少温暖的记忆啊！而在部队野营路上，乡亲们把烧好火炕的房子让给部队，把一年仅有的几斤白面给战士们包饺子的往事，又让我总难以释怀。今天，我们这些人生活好了，地位变了，但我们每个人，无论你是军人，是干部，是大官，是大款或是“大腕”，你都不能忘记那些含辛茹苦把自己养大的普通劳苦农民和平凡百姓。以此引申，由小及大，我们这个党，我们这个军队呢？我觉得都不能忘记我们生命和生存的根本，不能忘记我们的根是人民。想到这里，歌词一下就涌上来了：“我生在一个小山村，那里有我的父老乡亲。胡子里长满故事，憨笑中埋着乡音。一声声喊我乳名，一声声喊我乳名。多少亲昵，多少疼爱，多少开心。啊！父老乡亲，啊！父老乡亲，我勤劳善良的父老乡亲。啊！父老乡亲，啊！父老乡亲，树高千尺也忘不了根……”

那个晚上，我落泪了。我相信这首从骨子里流淌出来的作品，能感动自己，也一定能感动别人。这首歌的作曲是老作曲家王锡仁，他曾创作过《珊瑚颂》《太阳最红，毛主席最亲》。那天他在电话里给我哼唱这首歌的旋律，唱着唱着，老人也哽咽了。王老师告诉我，他从这首歌词中看到了家乡的山山水水，听到了家乡亲人遥远的呼唤，想到了父老乡亲们对自己的种种恩情。

因为这种满腔赤诚，一串泪水，这首歌也深深感动了演唱者。她多次讲起，她一拿到这首歌的歌片就爱不释手，她喜欢它的大气深情，旋律优美，喜欢它的歌词朴实，真挚动人，尤其喜欢歌词中的那句点睛之笔——树高千尺也忘不了根。这首歌感动这么多人，是我没有想到，也是深以为荣的。

袁丽萍：《兵哥哥》这首歌，情感非常细腻，而且在这首歌流传之前，“兵哥哥”这个称呼，也比较少见。这首歌的灵感从何而来？

石顺义：那年我们创作室到原 15 军的部队采风，我跟羊鸣老师去菜市场买水果。有个小姑娘，朝着我们喊：“兵哥哥，过来，过来！”那时候很多人称呼我们“当兵的”，甚至还有个别人叫我们“傻大兵”。现在有人叫我们“兵哥哥”。它是一种昵称，是亲切的、美好的，虽然有点调侃，但绝不是不尊重。突然，我灵感就来了。“想死个人的兵哥哥，去年他当兵到哨所，夜晚他是我枕上的梦，白天他是我嘴里的歌……”当天我就写出来几句。这个歌是一个恋人在歌颂她的“兵哥哥”，是她“心中的星一颗”，在诉说“家中的事儿交给我”。在1996年春晚一唱，这首歌很快就流传开了。

袁丽萍：我查资料的时候才发现《女人是老虎》这歌也是您写的。我都不太相信。您的作品的风格跨度很大。

石顺义：我创作的这些作品里，除了两首流行歌曲是通俗唱法的，一首叫《黄河源头》，还有一个就是《女人是老虎》，其余的全都是民歌。

《女人是老虎》这首歌呢，又是涉及歌曲的人性化。有些人都没说到点子上，因为他们介绍《女人是老虎》，说它是一个诙谐的、调侃的（歌曲）。我说我根本没有调侃的意思。女人是老虎是什么？是人性。“小和尚下山去化斋，老和尚有交代”，这不是调侃，而是很庄重的主题，这是写人性。不管男人、女人，还是说小和尚，都喜欢美丽，这是人性。

这歌是怎么来的呢？李娜办个人演唱会，唱张千一写的歌最多。张千一给她写《嫂子颂》《你家在哪里》，后来写《青藏高原》。一台晚会下来，十五六首歌，都是沉重的，而且《青藏高原》都是高音，这作为晚会布局它不合理，你得有诙谐俏皮，有轻松，就来找我让我给她写首歌。我想了想，就写了这首歌。这首歌也不是我凭空想出来的。清代有文人叫袁枚，写了《随园诗话》。《随园诗话》现在来说就是小散文、小段子，它有这么一段叫《子不语·沙弥思老虎》。我把这个小故事演绎成了一首歌。它还是人性，人性的东西它容易被人接受。

袁丽萍：这么多年，您笔耕不辍。您有没有算过一共创作了多少作品？

石顺义：我这一辈子大概写了有七八百首歌。一个歌曲作者，他写了一辈子的歌，绝不在于数量，而还是在于质量，绝不在于你发表了多少，甚至你得了多少奖，哪怕是最高等级的国家奖，都算不了什么。尤其歌曲创作，它不是看你写了多少，得了多高的奖，最根本的还在于有几首歌能流传在人们心中，能被人们去传唱，这应该是最高的奖励。哪怕你这歌没得过奖，但是它流传了（就可以）。比如说《想家的时候》，从来没得过奖，但不妨碍人们喜欢它，喜欢唱它。我就觉得其实真正的好作品，要留给历史，是留在人们心中的，这应该是最有价值的。

袁丽萍：您的创作源泉一直没有枯竭，一直在写歌。

石顺义：咱们客观一点说，我创作的高峰期应该是20世纪90年代。这个和我自己有关系，和整个社会也有关系。2000年以后，说句老实话，民歌的东西，民族唱法的东西，流传的，有，但都不多了。我最近这些年的创作，其实有两首歌我算比较认可的。一个叫《故乡有话告诉你》，还有一个叫《父亲，我记住了》。“有人在远方喊你，喊你的小名。铁蛋嘞，铁蛋儿嘞！那声音酸溜溜，甜蜜蜜。”我觉得这东西都是和我的风格相近的。“也许你正端坐在豪华轿车中，也许你正挥汗在泥泞工地里，无论你是官是民，是穷还是富，你都会泪洒几滴。”还是我那种风格。

其实我是这种人，我可能在追求这种东西，我才留心这些东西。我的这些歌，有这种情结的人会喜欢，有过经历的人他也喜欢。所以我就觉得中国市场很大，我不要求所有的人都喜欢，但是我相信有和我同样情怀的人，部队的或者不是部队的但有这种感情的人，我相信也少不了。因此我为什么多写点，我就知道好多人，他们喜欢这个。《军人本色》这首歌有几十个版本。女飞行员余旭牺牲的时候，黑鸭子唱的那版《军人本色》，视频有几百万的播放量，“风平浪静的日子，你不会认识我”，就挺感人的，我相信好多人点击也是很受感动。

袁丽萍：您跟很多作曲家像羊鸣老师、臧云飞老师合作，同时您刚才一直在说有一个好的歌唱演员也很重要，您自己心目中作词、作曲、演唱这三者是什么样的关系？

石顺义：这三者都少不了。一首歌它的成功有四条：词、曲、演唱、机遇，要好词、好曲、好演唱、好时机。一首歌，你别指望唱一次就能火，你再厉害的歌、再好的歌你唱一遍就扔了，肯定火不了。阎维文唱一首歌，他一唱唱几十年。这一点上，作者和演唱者的追求是共同的：不是为了得奖，是为了唱出好歌，为了能够让广大人民喜欢，能流传。

2019 年，石顺义接受本书作者袁丽萍专访，并在赠送的歌片上签名（王晨光 摄）

袁丽萍：对部队业余音乐创作者，您能否给他们提些建议？

石顺义：我还是想从大的角度来说，不管你是处在怎样一个时期，你处在怎样一个地域、一个单位，你要相信：艺术，人们是需要的，部队是需要的，战士是需要的。在我们的硬件设施发达了的时候，人们更是需要追求一种精神的东西。尤其是年轻人，尤其是物质生活不成问题的时候，他肯定需要好歌、好曲、好旋律，这是毫无疑问的。只要你有好歌，现在媒体这么发达，渠道这么多，肯定不会埋没。

再一个，创作一定不能急功近利。好歌的诞生，是有感而发，是生活中的哪一点触动了我，我愿意去写。写歌，是为了人们喜欢唱，而不是拿奖。对词作家来说，写再多，没有一首能立起来的，得奖再多，没有一首流传开的，就不算成功。部队业余创作者生活在基层一线，要“用我的心，握你的手”，用心去反映战士的生活，才能写出精品佳作。

（章宇对本访谈亦有贡献）

创作感言

可爱的人

袁丽萍

采访石顺义老师，是件很有意思的事情。经常是聊着聊着，歌声就响起来了。他创作的那些经典歌曲，他一说开头，就能引得你不由自主地往下唱。

他的歌里，战士是想家的，“兵哥哥”也是“星一颗”，“一二三四”是首歌，风雨中会显出军人本色……

为什么能把歌词写到战士心里去?

他说，是因为“我当过战士，我爱写战士的歌”。

的确，他的歌词里，有迷彩生活，有战士情感，总让人觉得很走心。

他是可爱的人，也用心在歌唱生活，歌唱那些可爱的人。

2019 年 5 月

后　记

这本书的缘起，是2019年我在负责解放军报长征副刊文化版面编辑工作时，所策划的为祖国70华诞献礼的访谈活动。

新中国文艺工作硕果累累，其中军队文艺工作者所做出的贡献有目共睹。因此，那年在报送策划方案时，我报的选题便是“回望经典——军队老艺术家访谈”。当时想的是通过与军队老艺术家的对话，回顾经典作品的创作历程，并透过这些作品重温那激情燃烧的岁月和充满荣光的历史，以此为祖国70岁生日献礼。选题一报送，就得到了社部领导的支持。

很惭愧的是，在策划一开始，我是把这次访谈当作一项宣传任务来完成的。但是，当我开始整理资料、做采访准备，尤其是重温老艺术家们的一部部经典之作时，我忽然意识到，即将开始的这项采访，意义太不一般，必须要更加慎重认真地加以对待。

习主席曾说，老干部是党的宝贵财富。人们也常说，家有一老，如有一宝。这批受访谈的老艺术家，最年轻的在1949年出生，与共和国同龄；最年长的在1921年出生，与党同龄。烽火硝烟中走来，几十载一直为祖国和人民而歌，为部队和国防建设事业而歌，这些老艺术家本身的经历就已经是一笔笔宝贵的历史财富，更不用说他们还创造了漫天星辰般璀璨的艺术佳作精品，拥有着岁月打磨洗礼后积淀下的经验与智慧。

对当下发生的事情，普通人总是很难第一时间认识到其意义何在。总是要抽离开当下，留给“思考”一段时间后，我们才能真正认识到事情的深刻内涵。当时，我是一边访谈，一边发稿。等陆陆续续在《解放军报》上发表了数篇老艺术家访谈，收到军内外许多读者的积极反馈和报社领导的多次批示表扬后，我才真正感受到这次访谈的珍贵之处，也开始庆幸自己当初的认真。

这种珍贵，是抢救式采访带来的庆幸，是能为中国艺术史留下点印记的自豪。

这种珍贵，是与大师面对面交流的畅快淋漓，是接受前辈教诲的如沐春风，是奋力追赶专家思考速度的成长收获。

这种珍贵，是红色历史带给后来人的催人奋进，是与一段峥嵘岁月的心灵共鸣，是荣光，是体悟，是升华。

这本书的主体结构是对话体，我力图用这种结构还原当时对话的场景和氛围。目的就是希望通过对话的原汁原味和客观真实，将这种珍贵分享给读者。如果读完此书，能让您在思想和心灵上有所启迪，那便是我极大的荣幸。

古代文人将著书立言视为大成就。即使是在资讯发达、科技进步的今天，有著作，也仍然是一个文字工作者莫大的骄傲。而一本书的诞生，背后是诸多人的努力与智慧。

我要感谢接受采访的老艺术家们。本来考虑到他们年事已高，原定每个人的对话时间都是两个小时，但实际上每次采访都超过了这个时间，有的甚至是远远超过了这个时间。采访完成后，老艺术家们又不厌其烦地逐字逐句帮我校对稿件。那份认真和敬业，让人肃然起敬。

听君一席话，胜读十年书。与贤者对话，吾之幸事。跟这些老艺术家对话，是一种享受，是一种学习，是人生难得的体验。我很庆幸，能在自己还算年轻的时候，接受到了他们的教育。而且，这次采访后，我跟许多老师都成为忘年交，时常能接受他们的建议和教诲，实在是幸之又幸。

这些老艺术家们，都已经是行业翘楚、业界大家，但他们跟后辈交流起来都是虚怀若谷，谦和亲切。他们毫不藏私地将人生感悟和艺术经验倾吐而出。那种对军旅艺术的殷殷希望，那种对后来人薪火传承的迫切期盼，那种对党和人民的感恩于心，每每都让我很感动。

采访回来，整理访谈记录往往要持续到很晚。夜深人静，我总会心绪难平。这些可爱的军队文艺战士，这些可爱的老人，他们身上值得我们年轻人学习的地方实在是太多了。他们本身就是一部厚重的书。我在后来的总结中写道：这次的采访，是一次对经典军旅文艺作品的深度回顾，是一次对军队文艺优良传统的挖掘传承，是一堂军队文艺工作历史课。

单纯的采访任务已升华为一种使命责任。对话老艺术家，用口述史的方式为新中国艺术史增添第一手资料，成为我发自内心地想去推动并将继续坚持的一项工作。因此，这本书中收录的艺术家对话，既有2019年为共和国70华诞献礼而集中采访的胡可、吕远、傅庚辰等艺术家，也有2020年以来我们主动去采访的王祖皆、张卓娅、朱光斗等艺术家。我相信，这份名单还将继续延伸和不断扩充。

时光不会因为人们多真挚多企盼，就停留下脚步，它总是很无情地带走我们爱的人。遗憾总是人生躲不开的一抹色彩。就在我们对话后不到一年的时间里，胡可老师、克里木老师先后去世。

跟胡可老师定下的百岁生日酒约，跟克里木老师说好的到部队演出之约，注定都成了再也完不成的约定。当时一些没有问到的问题，也再也不可能得到他们的回答。那段岁月里的动人故事，我们再也听不到他们绘声绘色地讲述。书中，我在与他们的对话后，专门加了两则补记。他们的鼓励与支持，我将永远感恩于心。

在此，我要衷心感谢朱冬生老师。他在出版界深耕多年，著作等身，是著名的军旅作家和出版家，也是我一直学习和追寻的榜样。他拥有一双慧眼，看过本书初稿后，就热情地向中国文史出版社推荐。这本书得以出版，他的推荐协调起到了极为重要的作用。

感谢中国书法家协会理事、著名军旅书法家徐健老师为封面题签。虽然从未谋面，我却早已知道这位老乡的大名。这次题签，我甚至没有当面去拜托他。他一收到微信消息，听说是为老艺术家访谈的书籍题字，当天就拿出了大气雄浑的作品。德艺双馨，不外如是。

感谢我的战友王晨光、李建、赵丽丽、谭卓廷、章宇、夏董财、高彦会、陈俊龙、吴昊、杨锐锋、刘洋等同志的热情支持。他们帮助整理录音、校对稿件，承担了很多繁琐但重要的工作。王晨光、李建负责全程摄影摄像，保证了本书内容的丰富，为老艺术家们留下了珍贵的影像资料。感谢北京卫戍区老干局对采访的大力支持，感谢卫枫、刘津梅、吕天扬、马頔、周洋、王秩、郭静、汪锋等同志的支持。

感谢中国文史出版社金硕主任等诸位同志的辛劳。你们的精心、用心，让这本书更具质感。在此一并致谢。

我很喜欢的一位作家曾说过："人生的路，靠自己一步步走去，真正能保护你的，是你自己的人格选择和文化选择。"这本书，便是我做出的一种"选择"。希望这种选择，能够引起你的共鸣。

袁丽萍

2021年6月